Reihe
Wissenschaft in gesellschaftlicher Verantwortung

Herausgegeben von
Joseph Dehler, Gerd Michelsen, Judith Pauly-Bender,
Magda Schirm, Klaus-Peter Schmidt-Deguelle

wü die Löder Mytpe?
10. 10. 2014
Gisela Uebr

In dieser Reihe werden Kurzbeiträge veröffentlicht, die die gesellschaftliche Verantwortung der Wissenschaft verdeutlichen, Demokratisierungsprozesse im Wissenschaftsbereich fördern und Perspektiven zur Gestaltung einer humanen, sozialen, friedlichen und natürliche Ressourcen schonenden sowie die Gleichberechtigung der Geschlechter fördernden Lebenswelt aufzeigen.
Gleichzeitig soll die politische Auseinandersetzung über wissenschaftliche Erkenntnisse und Entwicklungen gefördert werden.

Bibliografische Information Der Deutschen Bibliothek

Die Deutsche Bibliothek verzeichnet diese Publikation in der
Deutschen Nationalbibliografie; detaillierte bibliografische
Daten sind im Internet über http://dnb.ddb.de abrufbar.

Umschlag: Benjamin Last
Zeichnungen von Heike Notz

Satz: AG Text & Publikation, 60318 Frankfurt/Main
Herstellung: VAS, Wielandstraße 10, 60318 Frankfurt
Vertrieb: Koch, Neff & Oettinger & Co. – Verlagsauslieferung
               GmbH, Stuttgart

Printed in Germany · ISBN 3-88864-146-2

Gisela Notz

Löcher im
sozialen Netz

Sozial-Politik
und Geschlecht

VAS

Inhalt

Vorwort

Die Arbeit an dieser Broschüre zur Sozialpolitik gestaltete sich schwierig. Sie entstand in einer Zeit der großen Verunsicherung. Ständig gab und gibt es neue Vorschläge, die schon beschlossene Gesetzesänderungen und Maßnahmen wieder umwerfen. Durch die Bundesregierung wurde eine Vielzahl von Kommissionen eingesetzt, deren Nutzen für die vom sozialen Umbau Betroffenen nicht wirklich erkennbar ist. Die Bundesregierung begründet die Maßnahmen zur Änderung der sozialen Sicherungssysteme nicht nur mit dem Ziel der Reduzierung der Erwerbslosigkeit, sondern auch mit notwendigen Strukturveränderungen der sozialen Sicherungssysteme. Zu Zeiten leerer Kassen seien Kürzungen der Sozialleistungen nicht zu vermeiden und mehr individuelle Vorsorge sei ohnehin gerecht. Zum Zeitpunkt der Veröffentlichung ist es vielfach noch unklar, was eigentlich an konkreten Vorhaben umgesetzt werden soll und umgesetzt wird. Bei den Analysen kann es sich daher nur um eine zeitbezogene Betrachtung handeln. Die Befürchtung, dass Leistungskürzungen im Sozialbereich zu weiterer Ausgrenzung und zur Verschärfung der Gegensätze zwischen Arm und Reich, zwischen Männern und Frauen, zwischen Ost und West und insgesamt zwischen denen, die dazu gehören und denen, die herausfallen oder am Rande stehen, führen, und dass sich die Lebens- und Arbeitsbedingungen der Herausgefallenen verschlechtern, ist weit verbreitet.

Bonn, Juli 2003   Gisela Notz

Und wenn ich einmal nicht mehr dazugehöre...

Was ist, wenn ich einmal nicht mehr dazugehöre, ausgegrenzt werde, herausfalle – aus dem Erwerbsleben, aus der erstrebten Lebensform, nicht (wieder) hineinkomme, ausgedient habe? Das ist ein Gedanke, der besonders Frauen aus den unterschiedlichsten Gründen beschäftigen kann.

Stellen Sie sich nicht auch hin und wieder die bange Frage „Was passiert, wenn ich den Arbeitsplatz verliere, krank werde oder gar, wenn ich nicht wieder gesund werde? Schaffe ich den Wiedereinstieg in den Beruf, wenn ich ein paar Jahre bei den Kindern oder meiner pflegebedürftigen Mutter bleibe? Wie wird es mir als Rentnerin ergehen, wird meine Rente reichen?"

Ausgrenzung kann sowohl im beruflichen als auch im privaten Umfeld stattfinden. Ausgrenzung kann auch als schleichende Bedrohung empfunden werden. Vor allem Frauen sind im Beruf leicht davon betroffen, werden sie doch nach wie vor als „Zuverdienerin" betrachtet, für die der Arbeitsplatz in finanzieller und sozialer Hinsicht angeblich weit weniger bedeutet als für Männer. Gerade so, als hätten alle Frauen einen „Haupternährer" zu Hause, der obendrein genug verdient, um sie zu ernähren und gerade so, als wollten alle Frauen unbedingt ihr Glück in der Familie finden und als wäre für sie der Arbeitsplatz und der soziale Kontakt zu den KollegInnen weniger wichtig als für die männlichen Kollegen. In wirtschaftlichen Krisen gehören Frauen oft zu den Verliererinnen. Das und die Tatsache, dass es immer noch weit überwiegend Frauen sind, die Haus- und Sorgearbeiten und Berufsarbeit unter einen (Frauen)hut bringen müssen, wenn sie Kinder in ihren Lebensplan einbezogen haben, oder pflegebedürftige Menschen versorgen müssen, führt dazu, dass ihr Lebenslauf oft vielfältige Brüche aufweist.

Das Aufzeigen des „ausgefransten Arbeitsmarktes" im Abschnitt A zeigt deutlich, dass man heute gar nicht mehr sagen kann, jemand „gehört dazu" oder nicht, sondern dass es vielfältige Facetten gibt und dass in der Arbeitsgesellschaft zwar die existenzsichernd bezahlte Arbeit auszugehen droht, bestimmte, hauptsächlich Frauen zugewiesene Arbeiten gleichzeitig immer mehr werden. Abschnitt B fragt danach, warum es vor allem Frauen sind, die schnell „nicht mehr dazu gehören", geht auf die besonderen Armutsrisiken von Frauen ein und beschreibt die vielen Gesichter, die Frauenarmut hat. In Abschnitt C soll erklärt werden, was ein Sozialstaat ist und welche Funktion er (nicht nur) für die Herausgefallenen und zu-Kurz-Gekommenen hat. Danach (D) wird auf die Situation alter Frauen, die nicht mehr im Erwerbsleben stehen, eingegangen, anschließend werden propagierte Wege aus der „Krise" kritisch beleuchtet (E) und Perspektiven, die für die Zukunft auf Umverteilung setzen (F) entwickelt. Frau Müller-Eder wird zunächst als Beispiel einer solchen „Patchworkbiographie" dienen.

A. Frauenarbeit ist mehr als Arbeit

Was ist denn eigentlich Arbeit?

Die großen Gesellschaftstheorien, die sich mit Arbeit befassen, ignorieren die Leistung der Frauen für die Erschaffung und den Erhalt der Gesellschaft (Reproduktionsarbeit). Weder Karl Marx noch Max Weber haben die unbezahlte Arbeitskraft als Basis für die Entwicklung des Kapitalismus betrachtet (vgl. Brück u.a. 1992, S. 18). Die Arbeiten im Haus und bei der Erziehung der Kinder fallen nicht unter die Definition Arbeit, weil sie bekanntlich nicht bezahlt werden und angeblich auch unbezahlbar sind. Aus dieser Ignoranz ergeben sich eine Reihe von Problemen, denn die Arbeiten, die nicht Erwerbsarbeiten sind, sind gesellschaftlich ebenso notwendig, wie die Erwerbsarbeit.

---

*Frau Müller-Eder ist verheiratet. Für die Versorgung ihres Mannes und für ihre eigene arbeitet sie zu Hause, alleine, privat und unbezahlt. Sie leistet **Hausarbeit**. Sie hat auch zwei Kinder, die sind zwei und vier Jahre alt. Für sie leistet sie **Erziehungsarbeit**. Sie nimmt gerade „Elternzeit", bis das kleinste Kind drei Jahre alt ist, dann will sie wieder in ihren Beruf zurück.*

*Wenn die Schwiegermutter von Frau Müller-Eder sich nicht mehr alleine versorgen kann, wird sie sie zu sich ins Haus nehmen, sie wird dann für sie **Pflegearbeit** leisten. Pflegearbeit kann für alte, kranke und behinderte Familienmitglieder geleistet werden.*

Frau Müller-Eder hat sich schon lange überlegt, dass sie gerne wieder mit anderen Menschen zusammen arbeiten möchte. Die Gespräche mit ihren Kindern und auch mit der Schwiegermutter und mit einigen Nachbarinnen sind ihr wichtig, aber sie ersetzen nicht die Kommunikation, die sie von ihrem früheren Arbeitsplatz in einem Büro gewohnt war. Sie liest in der Zeitung, dass in ihrem Wohngebiet ein Kleiderlädchen eröffnet wurde. Dort treffen sich Frauen wie sie, um zu klein gewordene Kindersachen auszutauschen. Während der wöchentlich stattfindenden Gruppenabende überlegen die Frauen auch, wer sich wann um ältere Menschen kümmert, die nicht auf die Hilfe ihrer eigenen Familie rechnen können. Frau Müller-Eder leistet nun *„ehrenamtliche" Arbeit* oder **freiwillige Tätigkeit** oder (moderner) **bürgerschaftliches Engagement**. Sie leistet gesellschaftlich nützliche Arbeit über den Bereich der Familie hinaus. Die Kontakte und die Zusammenarbeit mit den anderen Frauen machen ihr viel Spaß. Leben könnte sie vom Ertrag ihrer Arbeit nicht, denn sie ist unbezahlt und scheinbar unbezahlbar.

Für **ehrenamtliche politische Arbeit** hat Frau Müller-Eder (leider) keine Zeit, die leistet Herr Eder neben seiner bezahlten Arbeit als Lehrer, er ist Stadtverordneter.

Ähnlich wie Frau Müller-Eder geht es ihrer Nachbarin. Sie ist alleinerziehende Mutter und trifft sich wöchentlich mit anderen Alleinerziehenden in einer Selbsthilfegruppe. Dort besprechen sie ihre eigenen Probleme und suchen gemeinsam nach Lösungen. Geld bekommt auch sie für ihre **Arbeit in der Selbsthilfegruppe** nicht, obwohl sie dort vieles organisiert und auch Beratungsarbeit leistet. Auch ihre Arbeit ist unbezahlt und ohne Arbeitsschutz.

Seconb Hand
Kinderbekleidun

13

Frau Müller-Eder möchte wieder eigenes Geld verdienen. Das ist nicht so einfach. Ihre Firma hat ihr mitgeteilt, dass ihr Arbeitsplatz – trotz erweitertem Kündigungsschutz während der Elternzeit nicht mehr besteht, weil die Filiale in Frankenbach geschlossen werden musste. Ein Umzug in eine weit weg gelegene andere Filiale kommt für sie nicht in Frage. Einen Platz in einer Kindertagesstätte für das kleine Kind – es ist noch keine drei Jahre alt – hat Frau Müller-Münch trotz heftiger Suche nicht bekommen können. Nun liest sie in einer Postwurfsendung, dass man sich einen Computer kaufen könnte, um zu Hause **Heimarbeit** *zu leisten. Das erscheint ihr verlockend. Später will sie wieder „normal" arbeiten.*

Durch die Computer-Heimarbeit erhofft sie sich, gleichzeitig ihre Kinder und auch ihre Schwiegermutter zu versorgen. Das erweist sich bald als Illusion. Sie arbeitet oft nachts und an den Wochenenden. Dafür hat sie ein bisschen Geld und muss ihren Mann nicht immer fragen, wenn sie für sich ein neues paar Jeans oder für die Kinder ein paar Schuhe kaufen will. Selbständig leben könnte sie von dem, was sie verdient nicht. Es ist ein **ungeschütztes Arbeitsverhältnis.** *Andere ungeschützten Arbeitsverhältnisse könnten sein: Leiharbeit, geringfügige Beschäftigungsverhältnisse, Aushilfsarbeit, befristete Arbeitsverhältnisse, freie Mitarbeitsverhältnisse, Werkverträge, Schwarzarbeit (vgl. Möller 1988). Leiharbeit soll nach den Vorschlägen der Hartz-Kommission staatlich subventioniert und für Erwerbslose „salonfähig" werden (Hartz 2002).*

Bei der elektronischen Heimarbeit von Frau Müller-Eder kann es sich auch um einen **Mini-Job** *handeln, wenn sie bei einer Firma angestellt ist und nicht mehr als 400 Euro monatlich verdient. Möglicherweise arbeitet sie aber auf eigene Rechnung und hat ein* **selbständiges Arbeitsverhältnis** *oder sie hat eine*

Ich-AG gegründet. Einkommen aus selbständiger Arbeit bedeuten heute, zumindest für viele Frauen, keinesfalls Reichtum. Oft handelt sich gar um **Scheinselbständigkeit**. Das ist der Fall, wenn sie z.B. weit überwiegend nur für einen Arbeitgeber arbeitet.

*In der Zwischenzeit sind einige Jahre ins Land gegangen. Frau Müller-Eders jüngstes Kind geht nun auch zur Schule. Es ist keine Ganztagsschule, die gibt es am Ort nicht. Sie hat mit anderen Frauen eine Initiative für einen Kinderhort gestartet. Mit viel Glück und Beharrlichkeit gelingt es Frau Müller-Münch, ein **Teilzeitarbeitsverhältnis** in einem Versicherungsbüro zu bekommen. Ihr Mann könnte, würde er seine Stunden reduzieren, seine eigene Existenz sichern. Frau Müller-Münch verdient als Schreibkraft nicht so viel, dass sie alleine mit ihren Kindern leben könnte, wenn ihr Mann sie verlässt, ihm etwas zustößt oder er erwerbslos wird. Das ist bei vielen teilzeitarbeitenden Frauen der Fall.*

*Als eine ihrer Kolleginnen nach Berlin umzieht, bekommt Frau Müller-Münch in ihrer Firma ein ganztägiges **tariflich abgesichertes Arbeitsverhältnis**. Sie ist nun nicht nur materiell, sondern auch sozial abgesichert. Nun gehört sie wieder voll dazu. Die anderen Arbeiten verrichtet sie weiter. Selbst wenn ihr Mann jetzt mehr im Haushalt „hilft" als früher, leistet sie – wie die meisten „Familienfrauen" – weiterhin den weitaus größeren Teil der unbezahlten Arbeiten.*

Second Hand
Kinderbekleidung

Wenn Frau Müller-Eder ihren Arbeitsplatz verliert, weil in dem Versicherungsbüro rationalisiert wird, was heute auch im Bürobereich keine Seltenheit ist und wenn sie auch die Arbeit am Heimkomputer aufgibt, weil ihr der Ertrag im Verhältnis zum Aufwand zu gering erscheint, hat sie immer noch genügend Arbeit, denn Haus-, Erziehungs- und Pflegearbeiten und auch die ehrenamtlichen Arbeiten bleiben ihr auf jeden Fall. Sie wird daher niemals arbeitslos, sondern sie wird erwerbslos.

Arbeit und Lohnarbeit

Bezahlt und unbezahlt geleistete Arbeiten vollziehen sich in scheinbar unabhängigen Bereichen. Diese Trennung, sowie die Tatsache, daß Lohnarbeit die vorherrschende Form ist, in der die gesellschaftlich notwendigen Tätigkeiten verrichtet werden, führt zu einer Gleichsetzung von Lohnarbeit und Arbeit. Damit werden alle unbezahlt geleisteten Arbeiten als Nichtarbeit oder „Freizeit" gefaßt und somit abgewertet. Unbezahlt geleistete Arbeiten fallen weitgehend in den Wirkungsbereich von Frauen.

Es ist die Konzeptionierung der Frau als Hausarbeiterin und die Idealisierung der Frau als Mutter, die dazu führt, daß viele Frauen in ökonomischer Abhängigkeit leben müssen. Die Notwendigkeit für diese Abhängigkeit wird oftmals mit der Doppelorientierung der Frauen auf Kind und Beruf begründet. Tatsächlich lassen sich für die meisten Frauen die Arbeitsbereiche Erwerbsarbeit und Hausarbeit nicht auseinanderreißen, weil sie über weite Strecken ihres Lebens den physischen und psychischen Anforderungen in beiden Bereichen ausgesetzt sind und diese ausbalancieren müssen (vgl. Becker-Schmidt u.a. 1982, Notz 1991). Die immensen Benachteiligungen, die sich für Frauen aus der „Doppelorientierung" ergeben, setzen jedoch vor der Mutterschaft an, wirken weit über diese hinaus und betreffen auch Frauen, die niemals Mütter waren oder werden wollen.

Heute plädieren (nicht nur) konservative Politiker wieder offen dafür, daß Frauen ihr Glück am heimischen Herd finden sollen, ein geringfügiger Zuverdienst ist dabei nicht ausgeschlossen. Subtile Anspielungen, auch „progressiver" Zukunftsforscher auf Plaste- und Elaste-kaufende „werktätige Eltern", dienen letztlich wiederum der Glorifizierung der Frau als hausarbeitende Mutter, die „selbstverständlich", nichtentlohnte

Tätigkeiten, nicht nur im eigenen Haushalt, sondern auch noch in „vielen sozialen Einrichtungen" verrichtet (vgl. Ullrich 1993, S. 88).

Es taugt ohnehin wenig, wenn der von Frauenforscherinnen und Frauenpolitikerinnen immer wieder geforderte „erweiterten" Arbeitsbegriff aufgenommen wird, um bisher unbezahlt geleistete Tätigkeiten ideologisch aufzuwerten. So werden sozialstaatliche Abbaustrategien zu rechtfertigen versucht und Strukturveränderungen unterbleiben.

Bezahlt und unbezahlt geleistete Arbeiten

Zählt man die Arbeiten, die heute bezahlt geleistet werden und die Arbeiten, die heute unbezahlt geleistet werden, zusammen, so haben Frauen den weitaus größten Anteil an der gesellschaftlich notwendigen Arbeit. Aus der repräsentativen Zeitbudgeterhebung „Zeit im Blickfeld" des Statistischen Bundesamtes wird u. a. deutlich, daß in der Bundesrepublik alle Personen ab dem zwölften Lebensjahr 95,5 Milliarden Stunden an unbezahlter Arbeit leisten (76,5 Milliarden in den „alten" und 19 Milliarden in den „neuen" Bundesländern). An bezahlter Erwerbsarbeit werden danach 60 Milliarden Stunden geleistet. Das heißt, das Ausmaß der unbezahlt geleisteten Arbeiten übertrifft das der bezahlt geleisteten um 59%. Rund zwei Drittel der unbezahlten Arbeit wurde durch Frauen verrichtet (Blanke/Ehling/Schwarz 1996, S. 16).

Die unbezahlt und überwiegend durch Frauen geleisteten Arbeiten haben für die Versorgung der Bevölkerung mit Waren und Dienstleistungen eine quantitativ nicht zu vernachlässigende Bedeutung. Das Recht, ihre Existenz aus eigener Arbeit zu sichern, wie es durch Louise Otto, eine Vorkämperin der ersten deutschen Frauenbewegungen, schon 1866 in ihrem Buch „Das Recht der Frauen auf Erwerb" gefordert wurde, ist den meisten Frauen jedoch nach wie vor vielfältig verwehrt. Sie sollen, wie es der erste deutsche Familiensoziologe, Wilhelm Heinrich Riehl, bereits 1855 formuliert hat, „wirken für das öffentliche Leben, aber man soll ihrer dabei nicht ansichtig werden, denn sie sollen zu Hause bleiben". Zumindest für eine Phase ihres Lebens sollen sie nicht dazu gehören, ausgegrenzt werden, aus dem bezahlten Arbeitsmarkt. Und das hat Folgen für den Rest ihres Lebens.

Wieviel Arbeit braucht der Mensch?

Die Tatsache, dass sich für die meisten Frauen noch andere Arbeitsbereiche als die bezahlten Tätigkeiten eröffnen, führt nicht selten dazu, dass vermutet wird, dass Frauen weniger unter Erwerbslosigkeit leiden, als Männer das tun. Das hat Marie Jahoda, gemeinsam mit ihren Kollegen, in ihrer berühmt gewordenen empirischen Studie „Die Arbeitslosen von Marienthal" bereits 1933 gründlich widerlegt (Jahoda/Lazarsfeld/Zeisel 1975). Arbeit ist nach den Kriterien von Marie Jahoda u.a. nicht allein die Quelle des Lebensunterhaltes, sondern des Lebenssinnes dazu; sie strukturiert die Zeit, ordnet den Tag und erweitert den menschlichen Horizont, ermöglicht eine Auseinandersetzung mit der Realität in regelmäßiger Aktivität, bietet die Erfahrung der Eingebundenheit in einen überindividuellen Zusammenhang (kollektive Ziele), schafft Gemeinsamkeiten und die Möglichkeit zu sozialen Kontakten sowie zur Erfahrung erbrachter Leistung. Sie verschafft den Menschen Einfluß im Sinne von Mitbestimmungs- und Beteiligungsmöglichkeiten, wenn auch oft in beschränktem Umfang, und weist den sozialen Status zu. Damit schafft sie zugleich eine Form von Identität (vgl. Jahoda 1983, S. 136) oder – wie Willy Brandt schreibt: „... menschliche Arbeit hat nicht nur einen Ertrag, sie hat einen Sinn" (Brandt 1983, S. 9). Den Ertrag haben Frauen freilich ebenso bitter nötig wie Männer. Und nur wenig (Frauen)Arbeitsplätze entsprechen den von Marie Jahoda aufgestellten Kriterien. Die Bedingungen, unter denen Erwerbsarbeit in der Industriegesellschaft stattfindet, lassen allzu oft diese Bedürfnisse unbefriedigt; die Bedingungen, unter denen Haus- und Sorgearbeit in den Familien geleistet wird, aber ebenso. Ganz zu schweigen von den ökonomischen, psychischen und sozialen Belastungen, die durch den Ausschluss aus Erwerbsarbeit hervorgerufen werden. Völlig offen ist die Frage, inwieweit sich die Abkoppelung von Ertrag und Sinn der Arbeit ebenfalls belastend auf die Individuen auswirkt. Frauen streben Berufsarbeit an, weil sie, wie die meisten Männer auch, das Bedürfnis haben, ökonomisch, ideologisch und sozial unabhängig zu sein. Sie wollen sich selbst verwirklichen und ihre Kräfte für etwas Vernünftiges und Sinnvolles einsetzen, um einen ideellen oder materiellen Beitrag für die Gemeinschaft, deren Mitglied sie sind, zu erbringen. Zudem erzeugt Erwerbslosigkeit neben materiellen auch soziale und psychische Probleme, soziale und politische Betätigungsmöglichkeiten werden (oft) eingeschränkt und das Zusammenleben mit Anderen kann dadurch belastet werden. Erwerbslosigkeit kann darüber hinaus auch längerfristige Folgewirkungen haben. Häufig sind Erwerbslose, die sich um einen neuen Arbeitsplatz bemühen, gezwungen, eine minderwertige Tätigkeit zu akzeptieren, Einkommensverluste und schlechtere Arbeitsbedingungen in Kauf zu nehmen.

Für erwerbslose Frauen ist der Hinweis auf die andere Arbeit in der sie im Haushalt, in der Nachbarschaft und in der Freizeit Erfüllung finden können, eine Verhöhnung. Dennoch wird gerade heute, zu Zeiten des enger werdenden bezahlten

Arbeitsmarkts, vielen Frauen (wieder) zugemutet, auf eine Berufslaufbahn zu verzichten bzw. diese zu unterbrechen oder abzubrechen und sich mit der traditionellen Rolle der Hausfrau - zumindest vorübergehend und oft ohne Rückkehrgarantie - abzufinden. Trotz des sogenannten „Wertewandels" hat die Teilhabe an gesellschaftlich organisierter Arbeit auch heute für die meisten Menschen noch andere Aspekte als Geldverdienen. Bezahlte Arbeit ist nach wie vor der zentrale Ort der Identitätsfindung und Selbstverwirklichung. Daran ändern Erkenntnisse der Berufssoziologie, dass die meisten Menschen sich in ihrer Lebensorientierung weniger an dem Sinn orientieren, den die Arbeit hat, sondern daran, ob sie sich bei der Arbeit wohlfühlen, wenig. Es handelt sich ohnehin weniger um einen Wertewandel, als um eine biographische Verschiebung des Wertehorizonts: Die Menschen wollen bezahlte Arbeit leisten, auch wenn die Erwerbsarbeit (scheinbar) nicht mehr im Mittelpunkt steht, sondern das biographische Insgesamt der Lebensarbeit (vgl. Böhnisch u. a. 1999, S. 85).

Viele Menschen, die von der Erwerbsarbeit ausgeschlossen sind – ob als registrierte oder nicht registrierte erwerbslose Menschen oder als ArbeitnehmerInnen, die die Suche längst aufgegeben haben und aus den Statistiken verschwunden sind – fühlen sich in ihren Möglichkeiten beschnitten, auch dann, wenn er oder sie (zunächst) keine materielle Not leidet.

Der Integrationsmechanismus der Arbeitsgesellschaft funktioniert tatsächlich immer weniger, die Zahl der „Herausgefallenen" wächst und selbst gut qualifizierte und anpassungsbereite ArbeitnehmerInnen sind heute nicht mehr davor sicher, einmal wegrationalisiert zu werden und nicht mehr dazu zu gehören. Die bezahlte Erwerbsarbeit bietet also nicht mehr die Gewißheit, (auf Dauer) dazuzugehören. Ganz offensichtlich gibt es keine verläßlichen Orte mehr und kaum unentbehrlichen Positionen. Gerade für viele Frauen gibt es zudem geheime Ausschlußverfahren (Notz 1995) und gläserne Decken (Buchinger/Pircher 1994), die sie an bestimmten Positionen festhalten und von wünschenswerten Positionen fernhalten.

Geht der Arbeitsgesellschaft die Arbeit aus?

„Was uns bevorsteht, ist die Aussicht auf eine Gesellschaft, der die Arbeit ausgegangen ist, also die einzige Tätigkeit, auf die sie sich noch versteht. Was könnte verhängnisvoller sein?" Die berühmte Philosophin Hannah Ahrendt, die dies bereits 1958 geschrieben hat, meinte sicher die existenzsichernd bezahlte Arbeit, orientiert an spezifisch männlichen Lebensmustern und Wertvorstellungen. Schließlich sind Arbeit und Arbeitsgesellschaft nicht deshalb in der Krise, weil es nicht genügend zu tun gäbe. Die Arbeitsgesellschaft ist vor allem deshalb in der Krise, weil unter Arbeit vorwiegend industrielle Arbeit, die der Herstellung und Umgestaltung von Waren dient, verstanden wird und weil die Verteilung dieser Arbeit, die tatsächlich aus den verschiedensten Gründen immer weniger wird, und der Einfluss an der Gestaltung der Arbeitsbeziehungen wesentlich auf ein Geschlecht begrenzt bleibt. Die entscheidende Frage lautet also nicht, ob es genügend Erwerbsarbeit gibt, sondern, ob es genügend existenzsichernde Arbeit gibt und wie sie verteilt und bewertet wird. Die unbezahlten Arbeiten in der Familie und in anderen (Zusammen)lebensformen, bei der Erziehung der Kinder, der Pflege der Alten, Behinderten und Hilfsbedürftigen, die Arbeiten in der Nachbarschaftshilfe, im Gemeinwesen, im sozialen Ehrenamt, die Subsistenzarbeiten gehen der Gesellschaft ganz bestimmt nicht aus. Die ungleiche Verteilung der Arbeit und der ungleiche Einfluß an der Gestaltung der Arbeitsbeziehungen trägt immer mehr zur

Spaltung in Arme und Reiche, aber auch zur Spaltung zwischen den Geschlechtern bei.

Der analytische Stellenwert von Prognosen einer Zwei-Drittel- oder Vier-Fünftel-Gesellschaft oder einer neuen Klassengesellschaft von einer gut verdienenden Elite aus TechnokratInnen und UnternehmerInnen im „Wissenssektor" ganz oben, darunter einer Klasse von Menschen, die sich zwischen Selbständigkeit und ungeschützten Arbeitsverhältnissen bewegen, und unter diesen die Klasse derjenigen, die das System eigentlich nicht mehr benötigt und die sich mit gelegentlichen Dienstleistungen über Wasser halten, indem sie lernen, anderen zu dienen, soll nicht in Frage gestellt werden. Problematisch wird es, wenn diese Bilder nicht mehr als Zustandsbeschreibungen oder Schreckbilder benutzt werden, sondern als unabänderlich dargestellt, ja sogar zu Zielvorstellungen werden (z.B. Kommission für Zukunftsfragen 1997, Giarini/Liedtke 1998).

Es ist kein Wunder, dass die Prognose, dass den Arbeitsgesellschaften die (existenzsichernd bezahlte) Arbeit ausgeht, so angstbesetzt ist. Bereits Jugendliche wachsen in eine Welt hinein, die ihnen Angst macht. Fragt man die Jugendlichen selbst nach dem „Hauptproblem der Jugendlichen heute", wie es die Shell-Studie 1997 getan hat, so nennt fast jeder zweite in Ost und West das Thema Erwerbslosigkeit. Und dies um so häufiger, je älter die Jugendlichen – egal ob Frauen oder Männer – sind. Diesen Jugendlichen fehlt das Vertrauen in die Demokratie. Sie verlieren das Zutrauen in Politik, weil ihre Probleme – zu denen in erster Linie die Erwerbslosigkeit zählt – in der politischen Rhetorik meist unter dem Vorzeichen von „Sachzwängen" diskutiert werden, an denen man angeblich aktiv nichts ändern kann. Kein Wunder, dass sie nur Risiken und Gefahren und überhaupt keine Chancen in den gegenwärtigen Veränderungen sehen.

Den Arbeitsmarkt gibt es nicht mehr

Die Frauenerwerbsquote lag 2002 in Ostdeutschland mit 72 % deutlich über der Quote der westdeutschen Frauen von 62 % (BMFSFuJ 2002 a). Die Erwerbsbeteiligung von Frauen lag 2001 mit 58,8 % in der BRD deutlich unter der der Männer mit 72,7 % (zwd 193/03, S. 9). Sieht man sich die vielfältigen Arbeitsverhältnisse an, so wird deutlich, dass man kann gar nicht mehr so einfach sagen, jemand „gehört dazu" oder er oder sie gehört nicht mehr dazu. Dazwischen gibt es auf dem kapitalistisch organisierten neo-liberalen Arbeitsmarkt eine Palette von Möglichkeiten, die auch nicht mehr mit Rand- und Stammbelegschaften unterschieden werden können.

Die Kölner Arbeitsmarktforscherin Carola Möller (1995, S. 13f.) unterscheidet fünf untereinander abgestufte Arbeitsmärkte, die hier auf sieben erweitert wurden (Notz 1994, S. 19):

- Der 1. Arbeitsmarkt mit relativ gesicherten Arbeitsplätzen für zumeist männliche Arbeitskräfte, die regulären Tariflohn erhalten. Hier wird aktuell und in der Zukunft erheblich abgebaut.

- Der 2. Arbeitsmarkt mit untertariflicher Bezahlung. Hier geht es nicht nur um „untertarifliche Tarifabschlüsse", wie z.B. beim VW-Modell, sondern auch um den „neuen Niedriglohnbereich". Die geringfügigen, früher 630 DM-Arbeitsverhältnisse, wurden ab 1. April 2003 durch die sog. Mini-Jobs (bis 400 Euro im Monat) und Midi-Jobs (bis 800 Euro) ersetzt. Sie werden vor allem für Dienstleistungen im hauswirtschaftlichen Bereich wirksam.

- Der 3. Arbeitsmarkt mit staatlich subventionierten Arbeitsplätzen, die in der Zwischenzeit auch untertariflich bezahlt werden (ABM-Maßnahmen etc.).

- Der 4. Arbeitsmarkt mit Arbeitspflicht für SozialhilfeempfängerInnen und Langzeiterwerbslose. Sie können zur Teilname an kurzfristigen Trainingsmaßnahmen, zur Saisonarbeit und zu gemeinwesenorientierten Arbeiten verpflichtet werden.

- Der 5. Arbeitsmarkt mit illegalen Arbeitsverhältnissen. Hier finden wir vor allem ausländische Arbeitskräfte und AsylantInnen. Es sind meist Frauen, die in „privaten Haushalten" arbeiten, ohne jeden Schutz und in persönlicher Abhängigkeit von der ArbeitgeberIn.

- Der 6. Arbeitsmarkt mit unbezahlten Arbeitsverhältnissen im Sozial- und Gesundheitsbereich. Dieser Arbeitmarkt ist nicht marktvermittelt. Es gibt jedoch Vermittlungsstellen in allen größeren Städten für solche „ehrenamtlichen" Arbeitsplätze, oder für Bürgerschaftliches Engagement, wie der moderne Begriff dafür heißt. Für solche Tätigkeiten gibt es noch freie Arbeitsstellen. Wohlfahrtsverbände, Kirchen u.a. Organisationen schlagen die Werbetrommel und beklagen, daß sie v.a. jüngere Frauen nicht begeistern können. Wie früher schon, wird deren „eigennütziges" Streben nach Berufsarbeit verantwortlich gemacht für die immer kälter werdende Welt.

- Der 7. Arbeitsmarkt mit Haus- und Sorgearbeiten in der Familie. Dieser Arbeitsmarkt ist ebenfalls nicht marktvermittelt, es sei denn, über den Heiratsmarkt. Ehegattensplitting, das alleine am Tatbestand der Ehe orientiert ist, und Männer mit nicht berufstätigen Frauen begünstigt sowie die Ideologisierung der Hausversorgung von Kindern und Pflegebedürftigen sorgen vor allem dafür, dass die (zumindest vorübergehende) Hausfrauenehe nicht ausstirbt. Die Vorzüge des heimischen Herdes sollen Frauen immer dann schmackhaft gemacht werden, wenn sie auf den bezahlten Arbeitsmärkten nicht gebraucht werden.

Alle Arbeitsmärkte sollen – nach dem Willen der modernen Wirtschaftspolitiker – einen deutlichen Abstand voneinander und von der Sozialhilfe haben, die immer weiter eingeschränkt wird. Mit der Schaffung neuer, existenzsichernder Arbeitsplätze ist angesichts vielfältiger Probleme, die mit „Krise der Arbeitsgesellschaft" bezeichnet werden, nicht zu rechnen, für Frauen schon gar nicht. Hingegen müssen wir eine weitere Destabilisierung des Bestehenden erwarten.

Erwerbstätige Frauen werden in Zukunft vor allem auf dem zweiten und vierten Arbeitsmarkt zu finden sein. Nach dem Arbeitsförderungsreformgesetz ist der dritte Arbeitsmarkt (fast) ausschließlich für Langzeitarbeitslose vorgesehen. Die Bundesanstalt für Arbeit (BA) hat die ABM-Mittel für strukturschwache Regionen und die Mittel für die berufliche Weiterbildung stark gekürzt und will noch weiter kürzen. Der sechste und siebte ist wesentlich für Frauen reserviert. Die dort geleisteten Arbeiten vermehren sich durch den Abbau von öffentlichen Dienstleistungen und den Einsatz neuer Kommunikationsmedien. Der Zugang zum ersten Arbeitsmarkt wird für Frauen ohne Quotierung oder wirksame Maßnahmen zur „Frauenförderung - immer problematischer. Die meisten guten Positionen liegen fest in männlicher Hand. Eine eigenständige Existenzsicherung ist jedoch fast ausschließlich dort zu erreichen.

Verbindliche Gesetze zur Frauenförderung gibt es bisher nur für den öffentlichen Dienst. Die Bundesregierung hat angesichts der fortdauernden Frauendiskriminierung auf dem Arbeitsmarkt im Koalitionsvertrag von 1998 die Verabschiedung eines Gesetzes zur „Gleichstellung von Frauen in der Privatwirtschaft" versprochen. Das Gesetz ist nicht mehr auf der Agenda des Koalitionsvertrags von 2002. Stattdessen wurde im Jahre 2001 eine völlig unverbindliche „Vereinbarung zur Förderung der Chancengleichheit von Frauen in der Wirtschaft" zwischen Bundesregierung und den Spitzenverbänden der

Deutschen Wirtschaft verabschiedet, die bis jetzt keinerlei Wirkung zeigte.

Gründe für die Misere auf dem Arbeitsmarkt

Wirtschaftswissenschaftler streiten sich zunehmend über die Gründe, die die Misere auf dem bezahlten Arbeitsmärkten verursacht hat. Genannt werden vor allem die Internationalisierung der Märkte (Globalisierung) und die Standortfrage. Die internationale Arbeitsteilung, so die Argumentation, führe dazu, daß der Arbeitsmarkt in der BRD immer enger wird. Die Arbeitsbedingungen müßten daher immer weiter dereguliert und flexibilisiert werden. Die bereits praktizierte Flexibilisierung reiche bei Weitem nicht aus, weil ständig neue und billigere Anbieter auf die Weltmärkte treten. Dadurch werden die Anpassungslasten an die deutsche Wirtschaft erhöht. Internationaler Handel, Kapitalbewegungen und ein rasanter technischer Fortschritt beschleunigen diesen Wandel. Von den privat-wirtschaftlichen Akteuren können diese Anpassungsleistungen angeblich nicht getragen werden weil sie (angeblich) über zu wenig Anpassungskapazitäten verfügen. Die Reallöhne seien zu wenig flexibel, die sektorialen, regionalen und qualifikatorischen Lohnstrukturen zu wenig beweglich und der Produktionsfaktor Arbeit nicht mobil genug. Schuld an der Misere seien vor allem der Sozialstaat selbst durch die Ausgestaltung der Arbeitslosenversicherung, die vom Staat garantierte Sozialhilfe, die für wenig qualifizierte Arbeitnehmer keine Anreize schaffe, sich den neuen Gegebenheiten anzupassen und die zentralisierten Tarifverhandlungen, die wettbewerbliche Elemente von den Arbeitsmärkten verbannen würden und zu einer relativ unflexiblen Lohnstruktur führen würden.

(Mit)verantwortlich für die Misere auf dem Arbeitsmarkt wird zudem immer wieder das veränderte Erwerbsverhalten der Frauen gemacht, die immer mehr auf den bezahlten Arbeitsmarkt drängen (West) oder sich dort nicht verdrängen lassen wollen (Ost). Diskutiert wird dieses Phänomen, als „ungebrochene Erwerbsneigung" der Frauen (Ost) und „steigende Erwerbsneigung" der Frauen (West), die wie eine unheilbare rsp. ansteckende Krankheit wirkt. Bei den meisten Diskussionen bleibt gänzlich außer acht, dass ein hoher Anteil der Beschäftigungszunahme von Frauen darauf zurückzuführen ist, dass sie (oft) zu schlechteren Bedingungen beschäftigt werden, als Männer. Wie vielfach diskutiert, sind (die meisten) Frauenarbeitsplätze stärker von Unsicherheiten durch befristete Beschäftigungsverhältnisse, ungeschützte und geringfügige Beschäftigung betroffen. Der Begriff „Erwerbsneigung" ist schon deshalb diskriminierend, weil er ausschließlich für Frauen und niemals für Männer Verwendung findet.

Es besteht kein Zweifel: Die industrielle Arbeit wird weiter schrumpfen. Der Strukturwandel kann durch Wachstum nicht abgefangen werden, es sei denn, wir produzieren nach dem Motto: „Hauptsache Arbeit" irgendwelche Produkte, durch die der sowieso schon vorhandene Müllberg weiter vergrößert wird oder wir fordern die Herausgefallenen auf, Dienstleistungen im Niedriglohnbereich oder in Form von Ich-AGs anzubieten, nach dem Motto: „Jede Arbeit ist besser als keine."

B. Armut hat viele Gesichter

Wie aufgezeigt wurde, arbeiten Frauen im Büro und in der großen und kleinen Fabriken, im sozialen Ehrenamt, in der Familie, im eigenen Haushalt, im Haushalt der Eltern, der Kinder und in fremden Haushalten. Sie arbeiten bekanntlich weltweit viel mehr Arbeitsstunden als Männer. Der Wechsel zwischen Erwerbslosigkeit, Familienarbeit, „Ehrenamt" oder „Bürgerschaftlichem Engagement", der (oft selbst finanzierten) Weiterbildung und erneuten Jobsuche wird gängige Praxis. Die Lebensunsicherheiten wachsen. Um Haus- und Sorgearbeiten und Berufsarbeit zu vereinbaren, werden Mini-Jobs, andere ungeschützte Beschäftigungsverhältnisse und Teilzeitarbeitsverhältnisse ohne eigenständige Existenzsicherung angenommen. Viele, die solche Arbeitsverhältnisse inne haben, gehören zu den „working poor" – sie sind arm trotz Arbeit. In der Bundesrepubik ist ein rapider Anstieg prekärer Arbeitsverhältnisse zu verzeichnen. Gleichzeitig geht die Zahl der vollversicherten Beschäftigungsverhältnisse in den letzten Jahren kontinuierlich zurück.

Selbst gut qualifizierte Frauen können arm werden. Das gilt für Facharbeiterinnen im „Männerberuf", die aufgrund von Vorurteilen keinen entsprechenden Arbeitsplatz bekommen, ebenso wie für Hochschulabsolventinnen. Ausbildungsinadäquate, befristete Beschäftigungen und Erwerbslosigkeit von Akademikerinnen treffen Frauen in weitaus stärkerem Maße als Männer. Ältere Arbeitnehmerinnen sind besonders arm dran. „Arbeitslos, über 40, weiblich" ist der Titel einer Broschüre, die bald nach der „Wende" in Berlin aufgelegt wurde (Senatsverwaltung für Arbeit und Frauen 1992). Wenn diese drei Stigmata zusammenfallen, stehen die Chancen auch heute noch schlecht. Das trifft besonders Frauen, die sich nach einer

Familienphase wieder ins Berufsleben eingliedern wollen, und Frauen in den neuen Bundesländern, die ihren bezahlten Arbeitsplatz verloren haben. Darunter waren viele gut ausgebildete Facharbeiterinnen und Akademikerinnen. Auch sie gelten als Anhängsel des „Hauptverdieners". Das Recht auf eigenständige Existenzsicherung für Frauen hat sich – trotz Gleichstellungsgebot im Grundgesetz und trotz Gender Mainstreaming – in der BRD nicht wirklich durchgesetzt.

Frauen werden arm, weil ihnen bereits der Zugang zu Bildung und Ausbildung versperrt wird

Auch junge Frauen sind immer noch benachteiligt. Obwohl sie gleich gute und bessere Schulabschlüsse als Jungen haben, sind zwei Drittel aller Jugendlichen, die keinen Ausbildungsplatz bekommen, Mädchen. Als sogenannten Geringqualifizierte sind sie besonders von Erwerbslosigkeit betroffen. Auch wenn Erwerbslosigkeit nicht grundsätzlich mit Bildungsdefiziten verknüpft ist, fällt auf, dass europaweit die Erwerbslosigkeit mit steigendem Bildungsniveau sinkt. Der Zusammenhang zwischen Erwerbslosenquote und Bildungsniveau ist bei jungen Frauen merklich stärker ausgeprägt als bei jungen Männern.

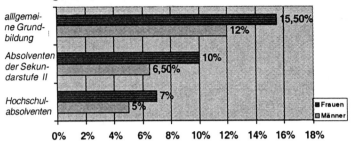

Bildungsniveau der Erwerbslosen im EU-Durchschnitt

(Quelle: Europäische Kommission 1996).

Aus den Zahlen wird ersichtlich, dass Frauen jeglicher Qualifikationsstruktur generell eher von Erwerbslosigkeit bedroht sind, als Männer. In den neuen Bundesländern ist die Erwerbslosenquote der Frauen ohne Berufsausbildung mehr als doppelt so hoch, als die der Männer ohne Ausbildung. Der erwartete Rückgang des Anteils der „ungelernten" Arbeitsplätze bis zum Jahr 2010 von zur Zeit etwa 15 % auf 10 % wird sich verschärfend auf die Situation der Jugendlichen ohne formale Ausbildung auswirken (vgl. Notz 1999 a, S. 10). Nach Angaben des Statistischen Bundesamtes begannen 2002 ohnehin rund 19 000 Frauen weniger eine Ausbildung als im Vorjahr.

Nicht erst bei der „Berufswahl" werden junge Frauen auf die „Alternativrolle" in der Familie hingewiesen. Für sie gilt in besonderem Maße: „Wenn die Arbeitsgesellschaft zum Problem wird, dann muss auch die Jugendphase als Phase der biologischen Vorbereitung auf diese Gesellschaft zum Problem werden" (Jugendwerk der Deutsche Shell 1997, S. 13). Erwerbslose Jugendliche und Jugendliche, die ohne Berufsausbildung sind, können auf Grund ihrer hohen Zahl nicht mehr als „Randgruppen" bezeichnet werden. Dennoch sind es vor allem Jugendliche ohne formalen Berufsbildungsabschluss, die das größte Beschäftigungsrisiko haben und die oft auf geringfügige Beschäftigungsverhältnisse, Gelegenheitsarbeiten oder „Schwarzarbeiten" verwiesen werden. Für Frauen weist die Jugendarbeitslosenquote – trotz im Vergleich zu den Männern (oft) besseren Schulzeugnissen und Ausbildungserfolgen – deutlich ungünstigere Werte auf, als diejenige der Männer. In besonderem Maße betroffen sind ausländische Jugendliche und darunter wiederum die jungen Frauen (vgl. auch Notz 1999 a, S. 10ff.). Auch bei den abgeschlossenen Ausbildungsverträgen schlagen sich die besseren Schulzeugnisse der Mädchen leider nicht nieder. Junge Männer bekommen immer noch leichter Ausbildungsstellen und sie haben viel eher die Aussicht auf eine Ausbildung im zukunftsträchtigen IT-Bereich, als Mädchen. Der Verweis auf Ausbildungsplätze in der Hauswirtschaft und Fachkräftebedarf in Privathaushalten (für Frauen) ist nur ein schwacher Trost, rekonstruiert alte Abhängigkeiten vom Hausherrn oder der Hausherrin und schafft neue Unterschichtungen (auch) unter Frauen.

Sehr viele Jugendliche haben heute keine Aussicht auf einen Arbeits- oder Ausbildungsplatz und es ist ihnen dadurch auch die Möglichkeit verstellt, sich an bestimmten gesellschaftlichen Prozessen zu beteiligen und sich einzumischen. Sie gehören von Anfang an nicht dazu. Sie sind arm, ökonomisch und psychisch von den Eltern abhängig. Junge Frauen versorgen oft jüngere Geschwister, den elterlichen Haushalt, pflegebedürftige Großeltern und sie haben auch heute selten ein eigenes Zimmer.

Frauen werden arm, weil sie in prekären Arbeitsverhältnissen arbeiten

Um Haus- und Sorgearbeiten und Berufsarbeit zu vereinbaren, oder weil ihnen in ihrem Beruf kein „ganzer" Arbeitsplatz angeboten wird, haben vor allem Frauen Arbeitsverhältnisse mit kürzeren Arbeitszeiten. Das heißt nicht, dass für Frauen die längst fällige Arbeitszeitverkürzung Wirklichkeit geworden wäre. Es handelt sich um Arbeitszeitverkürzung ohne Lohnausgleich.

Teilzeitarbeitsverhältnisse

Seit einiger Zeit steht Teilzeitarbeit ganz oben auf der Hitliste der beschäftigungspolitischen Optionen. Teilzeitarbeit ist die klassische Form der „atypischen" Beschäftigung. Die Integration von Frauen in den Arbeitsmarkt vollzog sich in den letzten Jahrzehnten vor allem über die Ausweitung der Teilzeitarbeit. Obwohl ein großer Teil der westdeutschen Frauen bereits teilzeitig arbeitet, wird von allen Seiten verstärkt an die Solidarität der ArbeitnehmerInnen appelliert, die Arbeit doch untereinander aufzuteilen, indem sie Teilzeitangebote wahrnehmen.

Die Teilzeitquote – der Anteil der Teilzeitbeschäftigten an allen abhängig Beschäftigten – stieg in den alten Bundesländern auf 20 % im Jahre 1998. Die Teilzeitquote der abhängig beschäftigten westdeutschen Frauen lag 2002 bei 42 % im Westen und 23 % im Osten (BMFSFuJ 2002 a). In der Altersgruppe der 35- bis 45jährigen Frauen ist gar die Hälfte aller abhängig beschäftigten Frauen teilzeitbeschäftigt (Klammer u.a. 2000, S. 57). Bei den verheirateten Frauen lag die Teilzeitquote bereits Mitte der 90er Jahre bei beinahe 60 % (Engel-brech/Reinberg 1998, S. 3). Die Teilzeitquote der Männer lag 2002 immer noch unter 5 % (BMFSFuJ 2002). Fast neun von zehn Teilzeitbeschäftigten (87 %) in den alten Ländern sind Frauen (Klammer u. a. 2000, S. 58). Bei den Männern ist die Tendenz, teilzeitig zu arbeiten, insgesamt sogar rückläufig. Für die meisten Männer sind Teilzeitarbeitsplätze nicht attrak-tiv. Teilzeitarbeit ist nicht per se ein prekäres Arbeitsverhält-nis. Dort, wo man vom Ertrag der Arbeit einigermaßen leben könnte, wird allerdings nur ganz selten geteilt. Trotz einiger arbeitsrechtlicher und tarifpolitischer Verbesserungen ist Teil-zeitarbeit nach wie vor mit Nachteilen verbunden. Die meisten teilzeitarbeitenden Frauen arbeiten im Dienstleistungssektor und dort vor allem in Bereichen mit hohem Leistungsdruck und wenig Einkommen. Teilzeitarbeit ist Arbeitszeitverkürzung ohne Lohnausgleich.

Die Ausweitung der Teilzeitarbeit, so wird argumentiert, würde mehr Menschen eine Beschäftigung ermöglichen, davon könnten schließlich auch die Erwerbslosen profitieren. Diese Hoffnung erweist sich jedoch als Trugschluss: die Konsequenz der aktuellen Ausweitung der Teilzeitstellen ist, dass die Voll-zeitstellen sinken. Für Frauen, die die Teilzeitplätze fast aus-schließlich innehaben, bedeutet das meist den Verlust der ei-genständigen Existenzsicherung und Armut – spätestens dann, wenn, aus welchen Gründen auch immer, der „Haupternährer" wegfällt. Zudem sind Teilzeitarbeitende aus etlichen wichti-gen betrieblichen Geschehen ausgeschlossen, haben im Be-trieb schlechte Aufstiegsmöglichkeiten und machen zu Hause (meist) die ganze Hausarbeit. Angesichts der mangelhaften Kinderbetreuungsmöglichkeiten, besonders in Westdeutschland, sehen Frauen oft keine vollzeitige Erwerbsmöglichkeit. 95 % aller abhängig beschäftigten Männer haben damit kein Problem. Sie sind vollzeitbeschäftigt, auch wenn sie Väter sind.

Ungeschützte oder „atypische" Beschäftigungsverhältnisse

Verluste haben vor allem Frauen in den „ungeschützten Beschäftigungsverhältnissen" (Möller 1988) zu erleiden. Das sind Beschäftigungsverhältnisse, die für die Randbelegschaften im Gegensatz zur Stammbelegschaft typisch sind. Es sind Arbeiten, bei denen zumindest ein zentrales Element vom „typischen" Normalarbeitsverhältnis abweicht, sei es bei der Vertragsdauer, der Arbeitszeit, der Sicherung des Arbeitsplatzes oder zum Beispiel den Sonderleistungen. Die Europäische Union unterscheidet fünf Kriterien, die auf ungeschützte Arbeit zutreffen: nicht auf Dauer angelegt, ohne tarifliche Einbindung, ohne Sozialversicherung, ohne rechtliche Einbindung, nicht existenzsichernd. Das Merkmal „Ungeschütztheit" ist bereits dann erfüllt, wenn eines der Kriterien zutrifft. Oft treffen jedoch mehrere Kriterien auf solche Arbeitsverhältnisse zu. Je mehr Abweichungen vom „Normalarbeitsverhältnis" vorhanden sind, desto prekärer ist das Beschäftigungsverhältnis. „Atypische Beschäftigung" und prekäre Beschäftigung ist zu einem großen Teil Beschäftigung von Frauen. Ein wachsender Beschäftigungssektor mit „atypischen" Beschäftigungsverhältnissen ist die Leiharbeit. Durch die staatlich geförderte Leiharbeit, wie sie nach der Umsetzung des Hartz-Konzepts mit Hilfe der „PersonalServiceAgenturen" (PSA) möglich wurde, wird ein weiterer Ausbau prekärer Beschäftigung verbunden mit einer Ausweitung des Niedriglohnsektors und einer Aushebelung des Kündigungsschutzes möglich (Hartz 2002).

Geringfügige Beschäftigungsverhältnisse – sog. Mini-Jobs

Nach einer Untersuchung des Kölner Instituts für Sozial- und Gesellschaftspolitik waren 1997 rund 4,2 Millionen Menschen der insgesamt 5,6 Millionen sozialversicherungsfrei Beschäftigten in der Haupttätigkeit geringfügig beschäftigt. Der Anteil der ausschließlich geringfügig Beschäftigten an allen Erwerbstätigen lag 1997 in Deutschland bei über 10 % (Klammer u. a. 2000, S. 96 f.). Im Dezember 2001 waren 70,7 % der geringfügig Beschäftigten Frauen (zwd 193/03, S. 9). In vielen Bereichen mit „typischen Frauenarbeitsplätzen" sind geringfügige Beschäftigungsverhältnisse zur „Normalarbeit" geworden. So z.B. bei 90 % der Putzarbeiten und 90 % der (elektronischen) Heimarbeiten sowie bei zahlreichen (Frauen)arbeitsplätzen im Einzelhandel, bei der Post und anderswo. Arbeitgeber mit einem hohen Anteil geringfügig Beschäftigter konnten bislang enorme Sozialversicherungsbeiträge sparen.

Die starke Ausweitung der sozialversicherungsfreien, geringfügigen Beschäftigung hat in den letzten Jahren eine Reihe von Neuregelungen gebracht. Das Gesetz vom 1.4.1999 brachte den Sozialversicherungen neue Einnahmen, den Versicherten jedoch keine nennenswerten Vorteile, stattdessen wurde der Ausbau des Niedriglohnsektors befördert. Durch die Anhebung der Versicherungsfreigrenze auf 400 Euro wurde ab April 2003 mit der Einführung der Mini-Jobs eine weitere Erosion des „Normalarbeitsverhältnisses" gesetzlich abgesegnet. Betroffen sind vor allem Frauen, denn Mini-Jobs sollen vor allem auf haushaltsnahe Dienstleistungen Anwendung finden. Als haushaltsnahe Tätigkeiten gelten „die Betreuung von Kindern, kranken, alten und pflegebedürftigen Menschen ebenso wie Kochen, Putzen, Wäsche waschen, Bügeln und Gartenarbeit" (BMfFSFuJ Pressemitteilung Nr. 40 vom 31.3.2003). Wichtig ist, dass es sich um Arbeiten handelt, die die Familienmitglieder (!) in der Regel selbst ausführen. Letztlich soll die Abgabe von ungeliebten Schmutzarbeiten (vor allem) an Frauen über steuerliche Begünstigungen, für die die Gemeinschaft bezahlt, finanziert werden. Sie bezahlen dafür eine Sozialversicherungspauschale von 10 %. Gleichzeitig entfällt für Mini Jobs im Haushalt die bisher für „geringfügige Beschäftigung" übliche 15-Stunden-Grenze. Das ist eindeutig ein Einfall in den Niedriglohnsektor. Der Privathaushalt wird von Arbeitgeberverpflichtungen weitgehend freigehalten. Zusammen mit der steuerlichen Abzugsfähigkeit der Kosten für Beschäftigte in privaten Haushalten soll diese Regelung zu einer Verringerung der Schwarzarbeit führen. Private Haushalte (haushaltsnahe Dienstleitungen) werden seit einiger Zeit als Wachstumssegment des Arbeitsmarktes gesehen. Haushaltshilfen sind Frauen – rund 3,3 Millionen gibt es in Deutschland. Ganze 40000 sind sozial abgesichert, der Rest arbeitet schwarz. Frauenministerin Renate Schmidt hat sich schon früher positiv zu diesem Modell geäußert: „das hilft erwerbstätigen Eltern, vor allem Einelternfamilien und das eröffnet neue Möglichkeiten für qualifizierte Tagesmüttermodelle". Daher ist es „richtig und wichtig", dass ... „die Entscheidung getroffen wurde, dass die neuen Mini-Jobs im Zusammenhang mit der Hartz-Kommission verabschiedet worden sind (SPD-Pressemitteilung Nr. 6 vom 13.11.2002). Darüber, dass „vor allem Einelternfamilen" kaum 400 Euro erübrigen können, um eine Kinderfrau zu bezahlen oder darüber wie die (meist qualifizierte!) Mini-Jobberin mit 400 Euro monatlich auskommen soll, macht sich die Ministerin ebenso wenig Gedanken, wie die Konzepte-Entwickler. Deutlich ist, dass Mini-Jobs bestenfalls zum „Zuverdienen" geeignet sind. Kein Wunder, dass viele Jobberinnen mehrere solcher Jobs ausüben (müssen).

Die (alleine) Mini-Beschäftigte ist nur krankenversichert, wenn sie verheiratet ist, dann zahlen die anderen Beitragszahler ihre Beiträge, was den Druck auf die Kassenbeiträge weiter erhöhen wird. Hat sie keinen Ehemann, muss sie sich freiwillig versichern. Auch im Alter wird sie arm sein, denn der Arbeitgeberbeitrag von fünf Prozent wird nicht reichen, genauso wenig wie für Erwerbsunfähigkeit. Tarifverträge werden auch durch die „Midi-Jobs", mit denen die Beschäftigte zwischen 400 und 800 Euro verdient, und nur einen ermäßigten Sozialversicherungsbeitrag zahlt, umgangen. Das IAB schätzt, dass fast eine ¾ Million neue Mini-Jobs und 1,12 Millionen Midi-Jobs entstehen. Allerdings wird es sich dabei nicht um neue Beschäftigungsverhältnisse handeln, sondern es werden vorwiegend bestehende Beschäftigungsverhältnisse in Mini- und Midi-Jobs umgewandelt werden. Gleichzeitig würden Sozialversicherungsbeiträge in Höhe von 612 Millionen Euro ausfallen (IAB 2003).

Die wenigsten der geringfügig beschäftigten Frauen sind über einen Ehemann versichert. Es sind auch keinesfalls nur Mütter, die kleine Kinder zu versorgen haben, und Töchter, die Eltern oder Schwiegereltern betreuen, die solche Arbeitsverhältnisse innehaben. Solche prekären Arbeitsverhältnisse bekommen auch Frauen angeboten, die keine Familienpflichten haben (wollen), weil der Arbeitsmarkt keine anderen Arbeitsverhältnisse bereitstellt. Die weitaus meisten Frauen nehmen diese Arbeit an, weil ihnen nichts anderes übrigbleibt. Das belegen vorliegende Studien eindrucksvoll. (z.B. Ministerium zur Gleichstellung von Frau und Mann Rheinland-Pfalz 1994).

Frauen werden arm, obwohl sie „Unternehmergeist" entwickeln

Zwischen 1991 und 1997 hat eine halbe Million Männer und Frauen ihr berufliches Glück in die eigene Hand genommen. Während bereits 11,9 % der erwerbstätigen Männer in Ost und West ihr eigenes Unternehmen gegründet haben, waren es bei den Frauen nur 5,8 % (Europäische Kommission 1996, S. 147 ff.). Die „Pleitenquote" ist allerdings hoch: jedes zweite neugegründete Unternehmen in Deutschland steht in den ersten fünf Jahren vor dem Bankrott. Viele „selbstständige" Frauen, die keine existenzsichernden Einkommen haben, sind arm. Für viele ist es dennoch die einzige Möglichkeit, in ihrem Beruf zu arbeiten, oder überhaupt eine Arbeitsstelle zu erhalten. Diese Probleme ergeben sich auch für zahlreiche Frauen, die (elektronische) Heimarbeit verrichten. Sie haben zusätzlich unter der häuslichen Isolation zu leiden. „Weibliche Bürokräfte" werden als die von dieser Arbeitsform hauptsächlich Betroffenen bezeichnet.

Nur halb so viele Frauen wie Männer machen sich in der BRD selbstständig. Eine Studie des Rheinisch-Westfälischen Instituts für Wirtschaftsförderung (RWT) ergab, dass sich rund 12 % aller erwerbstätigen Männer selbstständig machen, aber nur sechs Prozent Frauen. Nur jedes vierte Unternehmen wird von einer Frau gegründet. Eine Ursache für die niedrige Gründerinnenquote liegt nach der Untersuchung in den fehlenden Informationsangeboten speziell für Frauen. Zahlreiche Förderprogramme seien eher auf männlichs Gründungsverhalten zugeschnitten. Häufig konzentrieren sich die Zuschüsse auf gewerbliche Gründungen mit hohen Investitionsvolumen (zwd 195/03, S. 17). Die Schwerpunkte der Existenzgründung von Frauen liegen jedoch im Dienstleistungsbereich (über 50 %) und im Handel (ca. ein Drittel). Im produzierenden Gewerbe finden wir nur 12 % Frauen im Westen und 6 % im Osten. Innerhalb der gewinnträchtigen Branchen dominieren eindeutig die Männer. Frauenbetriebe arbeiten meist mit geringem Kapitaleinsatz und Jahresumsatz. Über 50 % der Unternehmen bestehen nur aus der Gründerin selbst. Die oft hervorgehobenen Arbeitsplatzeffekte sind also gering. Ca. die Hälfte derjenigen, die Beschäftigte haben, haben ein bis zwei Angestellte. Besonders in den neuen Bundesländern ist der Anteil der über 40-jährigen Existenzgründerinnen hoch. Sie verfügen über umfangreiche Erfahrungen und Kenntnisse, haben aber auf dem Arbeitsmarkt kaum Chancen. Über die Hälfte gründen wegen drohender oder bestehender Erwerbslosigkeit. Es ist die Not, die gründerisch macht und auch erfinderisch. Die Hoffnung auf das große Geld haben die meisten Frauen von Vornherein nicht.

Die Hälft der „selbständigen" Frauen kann sich weniger als 900 Euro auszahlen. Fast ein Viertel der Frauen müssen mit einem monatlichen Nettoeinkommen von unter 500 Euro auskommen. Jede dritte Frau hat im zweiten Jahr ihrer Selbständigkeit noch nicht ihr ehemaliges Beschäftigtengehalt, das sie als „Abhängige" hatte, erreicht. Nur ein Drittel der Westfrauen hat mehr als 1.500 Euro, gegenüber drei Viertel der Männer. Viele Existenzgründungen arbeiten also faktisch mit geringfügigen oder anderen „ungeschützten Beschäftigungsverhältnissen". Das heißt auch für die Gründerinnen und deren Arbeitnehmerinnen jetzt und im Alter fehlende eigenständige Existenzsicherung und Abhängigkeit von anderen Personen, meist vom (Ehe)mann, oder Abhängigkeit von staatlichen Leistungen. Tausende von Frauen werden zudem durch den Konkurs ihrer Männer und Lebensgefährten mitverschuldet.

Von PolitikerInnen wird die „Existenzgründung", jetzt in Form der Ich-AG als Allheilmittel gegen Erwerbslosigkeit gepriesen, nach dem Motto: Hilf dir selbst, dann hilft dir Göttin. Auch die Einführung der breit diskutierten „Innovation" (Hartz 2000) trifft Frauen, an deren „Unternehmergeist" schon lange appelliert wird, in besonderem Maße. Sie sollen in der Zukunft ihre Beschäftigungs- und Versorgungsperspektiven eigenständig regeln. Auch die Ich-AGs werden vom Ertrag, den der Unternehmergeist einbringt, oft nicht selbstständig leben können. Sie bleiben abhängig vom „Haupternährer". Vieles, was an „normale" Arbeitsverhältnisse erinnert, fehlt bei der Ich-AG: ein fester Arbeitsplatz, garantiertes Einkommen, soziale Kontakte mit KollegInnen und damit soziale Anerkennung. Die Propagierung der Ich-AG als soziale Innovation steht zudem den

Klagen gegen zunehmende Individualisierung, fehlendem Gemeinsinn und mangelnder sozialer Kompetenz durch „hedonistische Moralen" entgegen. Besonders bestehende kleinere Handwerksbetriebe befürchten eine Konkurrenz der billiger arbeitenden Ein-Mann- und Ein-Frau-Betriebe. Durch die steuerliche Förderung der „Ich-AG's" wird ein weiterer Einstieg in die Scheinselbständigkeit befürchtet.

Mit der ebenfalls als Innovation propagierten Familien-AG - einer einfachen Erweiterung der Ich-AG durch mitarbeitende Familienmitglieder wird das Modell der sozial nicht abgesicherten „mithelfenden Familienangehörigen" rekonstruiert. Diese „Innovation" zielt auf die untergeordnete familiäre Mithilfe von Ehefrauen und ruft ein überholtes Leitbild in Erinnerung, das in Handwerk und Landwirtschaft zu hohen sozialen Risiken für die Betroffenen geführt hat. Eine leistungsbeziehende arbeitslose Ehefrau könnte in der Familien-AG ihres arbeitslosen Gatten mithelfen, so heißt es im Hartz-Konzept. Sie wäre dann „... wie bei einer abhängigen Beschäftigen beim Hauptversicherten mitversichert", d.h. sie verlöre ihre eigenständige soziale Sicherung. Das Hartz-Konzept verweist auf die Erleichterung durch den doppelten Steuerfreibetrag für Ehepartner und den familienstandsbedingt höheren Leistungssatz der Arbeitsverwaltung, obwohl beide geltendes Recht sind und das „Ehegattensplitting" seit Jahrzehnten auf der Liste der abzuschaffenden Privilegien steht, die einseitig ein bestimmtes Familienmodell fördern, nämlich die Hausfrauenehe. Eindeutig bedeuten diese „neuen" Arbeitsverhältnisse eine Ausweitung des Niedriglohnsektors. Zudem müssen Sicherungsprobleme im Alter in Kauf genommen werden.

Schein-Selbständigkeit

„Ein-Frau- oder Ein-Mann-Unternehmen" und freiberuflich Täti-
ge sollten genau prüfen, ob sie wirklich selbständig arbeiten
oder als arbeitnehmerähnliche Selbständige oder Schein-Selb-
ständige gelten. Dann können sie nämlich ihren Auftraggeber
an ihren Sozialabgaben beteiligen. Die Bundesregierung hat
ein Gesetz zur Bekämpfung der Scheinselbständigkeit erlassen. Scheinselbständig ist, wer keine eigenen sozialversiche-
rungspflichtigen ArbeitnehmerInnen beschäftigt, zumindestens
fünf Sechstel für einen Auftraggeber tätig ist, die typische Arbeit eines abhängig Beschäftigten verrichtet und nicht als
UnternehmerIn am Markt auftritt. Scheinselbständig ist auch,
wer vorher abhängig Beschäftigte/r war und nun dieselben Arbeiten wie bisher verrichtet. Wer nach der aktuellen Rechtsla-
ge zwei der vier Kriterien erfüllt (künftig drei von fünf), gilt als
scheinselbständig. Verstärkt betrachtet wird künftig auch die
Beschäftigung von ArbeitnehmerInnen eines Betriebes, der mit
Selbständigen zusammenarbeitet: Wird ein Selbständiger für
die gleiche Arbeit eingesetzt wie ArbeitnehmerInnen, so ist
das ein klares Indiz für Scheinselbständigkeit, das das Unternehmen kaum aus dem Wege räumen kann. Die Bundesregierung hat allerdings signalisiert, dass das Gesetz noch einmal
korrigiert werden soll. Frauen sind vergleichsweise häufiger
‚scheinselbständig' als Männer. Insgesamt 3,3 % der erwerbstätigen Frauen sind in ihrer Haupterwerbstätigkeit in der Grau-
zone zwischen abhängiger und selbständiger Beschäftigung
zu verorten, während dies nur bei 2,8 % der Männer der Fall
ist (Klammer u. a. 2000, S. 101). Durch „Scheinselbständigkeit"
werden nicht zuletzt tarifvertragliche Regelungen umgangen,
Festangestellte werden gegen Freiberufliche ausgespielt und
damit beide Beschäftigtengruppen geschwächt.

Frauen werden arm, weil sie weniger verdienen als Männer

Dort, wo Frauen arbeiten, verdienen sie nichts, wenig, jedenfalls selbst auf gut bezahlten Arbeitsplätzen in Westdeutschland durchschnittlich etwa 25% weniger als Männer. Die niedrigere Entlohnung von Frauen gilt für die meisten europäischen Länder. Deutschland weist mit dieser Einkommensdifferenz jedoch EU-weit die größte Lücke zwischen Männern und Frauen auf (zwd Nr. 191/02, S. 20). Knapp die Hälfte dieser Differenz kommt nach dem Lohn- und Einkommensbericht der Bundesregierung (BMFSFJ 2002 b) durch Lohndiskriminierung zu Stande. Die seit Beginn der Industrialisierung andauernde Niedrigbewertung der Frauenarbeit hat sich bis heute kaum verändert, nach der Wiedervereinigung hat sie sich sogar verschlechtert.

Frauen sind in den unteren Lohngruppen zu finden, arbeiten in den Branchen, die Niedriglöhne zahlen (z.B. Textil, Handel, niedrigbewertete Dienstleistungen). Analysen zeigen, dass Frauen selbst dann weniger als Männer verdienen, wenn sie die gleichen Arbeitszeiten und beruflichen Positionen haben und in den gleichen Sektoren beschäftigt sind. Nach dem Lohn- und Einkommensbericht der Bundesregierung fällt der geschlechtsspezifische Einkommensabstand umso höher aus, je höher das Ausbildungsniveau ist. Allerdings ist das geschlechtsspezifische Lohngefälle in der Privatwirtschaft wesentlich höher (27%) als im öffentlichen Sektor (10,7%). Vor allem bei älteren Frauen klaffen die Lohnunterschiede zu ihren Kollegen erheblich auseinander (30,6%). Auch viele Frauen, die vollzeitbeschäftigt sind (40 Stunden und mehr), verdienen, da es in Deutschland keinen gesetzlich festgelegten Mindestlohn gibt, weniger als den Sozialhilfesatz, können also nicht von dem Ertrag ihrer Arbeit leben. Sie gehören zu den working poor – sind arm trotz Arbeit. Ende 2001 hatten 60 000 Menschen in der BRD einen Vollzeitjob und bekamen gleichzeitig ergänzende Sozialhilfe (taz vom 6.5.2003). Dass darunter viele Frauen sind, liegt an der Minderbewertung von „typisch weiblichen" Berufen, wie Arzthelferin, Einzelhandelsverkäuferin etc.

Die Diskriminierungen bestehen fort, obgleich seit 1955 „Frauenlohnabschlagsklauseln" als gesetzeswidrig identifiziert sind, weil sie gegen den Gleichberechtigungsgrundsatz verstoßen. Sie verstoßen auch gegen die Lohngleichheitsrichtlinie der EU von 1975 (75/1117 EWG), Art. 1: Wonach „der Grundsatz der Lohngleichheit bedeutet ... die Beseitigung jeder Diskriminierung aufgrund des Geschlechts in bezug auf sämtliche Entgeltbestandteile und Bedingungen". Die Lohngleichheitsrichtlinie ist zu sehen in Verbindung mit der Gleichbehandlungsrichtlinie der EU von 1976 (76/207 EWG), die jede „mittelbare Diskriminierung, insbesondere unter Bezugnahme auf den Ehe- und Familienstand" verbietet. 1985 hat der Europäische Gerichtshof entschieden (Urteil vom 1.7.1976 – RS 237/85 DB 1986, 1877), dass ein Tarifvertrag in seiner Gesamtheit nicht diskriminierend sein darf und an Kriterien anknüpfen muss, die für beide Geschlechter besonders geeignet sind. Neben dem Grundsatz „Gleiches Entgelt für gleiche Arbeit" ist zudem der Grundsatz „Gleiches Entgelt für gleichwertige Arbeit" in Artikel 141 des EG-Vertrags von 1999 verankert.

Dort, wo mehrheitlich Frauen arbeiten, wird die Arbeit insgesamt niedriger bewertet, auch wenn die Ausbildungszeiten ähnlich und die Arbeitsbelastungen gleich sind. Hier sprechen wir von einer mittelbaren Diskriminierung. Die unterschiedliche Bewertung resultiert vor allem daraus, dass körperlich schwere Arbeit höher bewertet wird, als z.B. manuelle Fingerfertigkeit oder Pflegearbeit.

Hauptgrund der Diskriminierung ist allerdings, dass auch gut ausgebildete Frauen immer noch als „Zuverdienerinnen" angesehen werden und sich selbst reformierte Tarifverträge immer noch an der konservativen Familienideologie, die den Mann als Haupternährer, Familienoberhaupt („bread winner") ansieht, orientieren. Das trifft auch Frauen, die niemals Ehefrau waren oder werden wollen.

Es gab immer wieder Frauen, die sich die Lohndiskriminierungen nicht gefallen ließen. 1979 klagten die „Heinze-Frauen" und 1981 die „Schickedanz-Frauen" erfolgreich gegen eine niedrigere Entlohnung gegenüber ihren männlichen Kollegen. Heute kämpfen Frauen aus verschiedenen gewerkschaftlichen Gruppierungen verstärkt für eine Aufwertung von üblicherweise Frauen zugeordneten Arbeitstätigkeiten.

Frauen werden arm, weil sie unbezahlte Arbeit leisten

Frauen, die in der Familie Menschen, die sich nicht selbst helfen können, versorgen und pflegen, erhalten meist überhaupt keinen Lohn, sieht man einmal von völlig unzureichenden und für Männer unattraktiven „Löhnen" wie Erziehungsgeld und Pflegegeld ab.

Erziehungsarbeit

Nach der Reform des Bundeserziehungsgeldgesetzes 2001 wurde nicht nur der Erziehungsurlaub in Elternzeit umbenannt. Es traten auch Neuregelungen zum Erziehungsgeld des Bundes und zur Elternzeit in Kraft. Erziehungsgeld in Höhe von bis zu 307 Euro über einen Zeitraum von 24 Monaten erhalten Eltern, wenn sie ihr Kind zu Hause versorgen. Allerdings wird es weiter einkommensabhängig gezahlt. Der Anteil der Anspruchsberechtigten sinkt seit Inkrafttreten der allgemeinen Einkommensgrenzen 1993 kontinuierlich. Die Einkommensgrenzen betragen in den ersten sechs Lebensmonaten beim ersten Kind für Elternpaare 51 130 Euro, für Alleinerziehende 38 350 Euro Jahreseinkommen. Bei einem Einkommen oberhalb dieser Grenze entfällt das Erziehungsgeld. Alternativ zum monatlichen Erziehungsgeld für zwei Jahre erhalten Eltern, die sich für eine verkürzte Bezugsdauer im ersten Lebensjahr des Kindes entscheiden, bis zu 460 Euro monatlich. Fast alle Mütter nehmen zumindest einen Teil der dreijährigen Elternzeit, zumal Kinderbetreuungsmöglichkeiten für Kinder unter drei Jahren kaum zur Verfügung stehen. Im Jahr 2000 befanden sich nach Auskunft der Bundesregierung „380 331 junge Eltern (das sind 95 % der Berechtigten) im ersten Lebensjahr des Kindes im damaligen Erziehungsurlaub, im zweiten Lebensjahr waren es noch rund 213 000". „Junge Eltern" meint junge Mütter, denn der Anteil der Väter an der Elternzeit lag 2002 immer noch unter 2 %. Insofern ist sie eine frauenpolitische Maßnahme. So wie sie ausgelegt ist, dient sie auch nach der Reformierung der Aufrechterhaltung der traditionellen häuslichen Rollen- und Arbeitsverteilung. Im dritten „Urlaubsjahr" fällt das Taschengeld für alle, abgesehen von der Gewährung von einkommensabhängigem Landeskindergeld in einigen Bundesländern, weg. Wer von 307 Euro Erziehungsgeld leben muss, ist arm und abhängig vom Ehemann, bzw. im Falle Alleinerziehender von der Sozialhilfe und muss zudem Einschränkungen in der beruflichen und rentenbezogenen Biographie in Kauf nehmen (vgl. Notz 1991 und 1998). Die Gefahr auch nach Inanspruchnahme der Elternzeit nicht mehr dazuzugehören, ist groß. Da der besondere Kündigungsschutz nur für die Zeitdauer der Elternzeit wirkt, erfolgen Entlassungen häufig unmittelbar nach der Rückkehr an den Arbeitsplatz. Wenige Monate nach Ende der Auszeit waren – einer Untersuchung zufolge, die in den neuen Bundesländern durchgeführt wurde – nur noch 40 % in ihrem Betrieb beschäftigt (Bundesministerium für Familie, Senioren, Frauen und Jugend 1995). Eine Untersuchung mit aktuellen Daten ist gerade in Arbeit.

Die CDU/CSU war mit dem Konzept „Familiengeld" in den Bundestagswahlkampf 2002 gezogen. Eltern sollten danach mit monatlich bis zu 600 Euro pro Kind unterstützt werden, falls sie die Wahl gewinne. Sie hat sich inzwischen von diesem Konzept verabschiedet. Da mit der Verwirklichung des Konzepts der Staat mit Ausgaben von rd. 25 Mrd. Euro jährlich belastet würde, gilt das „Familiengeld" nun als unfinanzierbar. Die CDU/CSU hat damit das „Kernversprechen ihres Bundestagswahlkampfs" aufgegeben und scheinbar eingesehen, dass die Bereitstellung öffentlicher Kinderbetreuung „wichtiger als Geld" sei, weil die meisten Frauen gut ausgebildet sind und ihre Existenz aus eigener Arbeit sichern wollen. Für Männer erschien Familiengeld ohnehin nie attraktiv, auch wenn es geschlechtsneutral propagiert wurde.

Lohn für Haus- und Sorgearbeit war und ist innerhalb der Frauenbewegung eine umstrittene Forderung. In den 70er Jahren gingen die Vorstellungen der „neuen Frauenbewegung" eher in die Richtung einer Vergesellschaftung der Hausarbeiten und zielten damit auf deren Abschaffung in der bisherigen Form oder zumindest auf eine Gleichverteilung zwischen den Geschlechtern (vgl. Notz 1999 c). Statt auf die Möglichkeit einer ebenbürtigen Beteiligung von Frauen und Männern an allen gesellschaftlich notwendigen Arbeitsbereichen hinzuwirken, sollen durch Familiengeld- oder Erziehungsgehaltmodelle Anreize für einen Ausstieg aus der Erwerbsarbeit vor allem für Frauen gefördert werden.

Aus frauenpolitischer Sicht wäre es sinnvoller, wenn Rahmenbedingungen geschaffen würden, die es beiden Geschlechtern und Menschen die in unterschiedlichen Zusammenlebensformen leben, ermöglichen, Erwerbsarbeit, Haus-, Erziehungs- und Sorgearbeit und gemeinwesenorientierte Arbeit zu verbinden. Eine gesicherte Existenz auf der Basis gesellschaftlich sinnvoller und öffentlich anerkannter Arbeit für beide Elternteile bedeutet auch Erleichterung und Entlastung in der Gestaltung des Familienlebens.

Pflege- und Sorgearbeit

Frau Müller-Eder ist überarbeitet, die Kinder haben einen Grippevirus aus der Schule mitgebracht. Sei fühlt sich elend, will das zunächst nicht wahrhaben, bis sie in Ohnmacht fällt und ihre besorgte Nachbarin den Krankenwagen holt und sie ins Krankenhaus bringen lässt.

Über die *gesetzliche Krankenversicherung*, die *private Krankenversicherung* sowie sonstige Sicherungssysteme (z.B. Unfall- und Rentenversicherung, Sozialhilfe, Kriegsopferversorgung) wird in Deutschland eine beinahe flächendeckende Gesundheitsversorgung erreicht. Die quantitativ bedeutendste Versicherungsart für Frauen war noch 1970 mit über 54 % die an einen meist männlichen Versicherten (Ehemann, Vater) gebundene Mitversicherung als Familienangehörige. Der Anteil der Frauen, die über ihren Ehemann mitversichert sind, hat in den letzten Jahren kontinuierlich abgenommen. 1995 war der Anteil der pflichtversicherten Frauen auf rund 30 % angewachsen (Klammer u. a. 2000, S. 294 f.), wobei die Familienmitversicherung in Ostdeutschland nie eine so große Rolle spielte, wie im Westen. Ungeachtet des „Risikos" von Schwangerschaft und Kindererziehung sind Frauen nicht öfter krank als Männer: 1998 fehlten Frauen wegen Krankheit an ihrem Arbeitsplatz sogar seltener. Männer waren im Durchschnitt 16,3 Tage wegen Arbeitsunfähigkeit krank geschrieben, Frauen durchschnittlich 15,7 Tage (BKK-Presseinformation vom 23.9. 1999). Die Angst, durch eine längere Krankheit aus dem Erwerbssystem herauszufallen, mag der Grund dafür sein, dass seit 1996 der Krankenstand in Ost und West generell rückläufig ist.

Nach den von Bundeskanzler Gerhard Schröder (SPD) am 14.3.2003 vorgeschlagenen „Reformen" zum Umbau des Sozialstaates (Agenda 2010) soll künftig die paritätische Finanzierung des Krankengeldes aufgehoben werden. Zukünftig soll es nur noch durch die ArbeitnehmerInnen gezahlt werden. Gegen das Risiko, länger als sechs Wochen krank zu sein, müssen sich Erwerbstätige dann privat versichern. Frauen müssen aufgrund ihrer höheren Einstufung als „Risikogruppe" mit höheren Boiträgen rechnen als Männer. Die Finanzierung des Krankengeldes allein durch die Versicherten ändert nichts an der Ausgabenentwicklung im Gesundheitssystem. Es handelt sich um eine Umverteilung zu Gunsten der Unternehmer, durch die das Prinzip der paritätischen Finanzierung durch Arbeitgeber und ArbeitnehmerInnen ausgehöhlt wird. Trotz der entscheidenden Verantwortung der Unternehmer für die gesundheitsschädlichen Arbeits- und Lebensbedingungen wird ihnen der Beitrag zum Krankengeld erlassen; ein jährliches Geschenk von fast 4 Millionen Euro. Für ArbeitnehmerInnen hingegen bedeutet das eine Lohnsenkung von 1/2 %. Die Leittragenden sind auch hier die Geringverdienerinnen. Sinnvoller wäre es, Sozialleistungen, die vorrangig die Ehe fördern (in diesem Falle kostenlose Mitversicherung der Ehegattin) in der Krankenversicherung abzubauen.

Zur Ergänzung der Krankenversicherung und Abdeckung des Risikos der Pflegebedürftigkeit wurde 1995 die *gesetzliche Pflegeversicherung* eingeführt. Pflegegeld kann nach dem Gesetz zur sozialen Absicherung des Risikos der Pflegebedürftigkeit sowohl an Pflegebedürftige als auch an Angehörige, FreundInnen oder Nachbarn gezahlt werden, die als Pflegepersonen in der Familie bzw. ehrenamtlich pflegen. Die Leistungen werden auf Antrag bewilligt. Als pflegebedürftig gelten Menschen, die wegen einer körperlichen, geistigen oder seelischen Krankheit oder Behinderung auf Dauer Hilfen im Alltag benötigen. Die Pflegebedürftigen werden nach dem Grad der Pflegebedürftigkeit in drei Pflegestufen eingeteilt:

• Stufe I – erheblich Pflegebedürftige, müssen mindestens einmal täglich Hilfe benötigen, und bekommen dafür für die häusliche Pflege 205 Euro Pflegegeld monatlich und zusätzlich bis zu 384 Euro Sachleistungen pro Monat.

• Stufe II – Schwerpflegebedürftige müssen mindestens dreimal täglich Hilfe benötigen und bekommen 410 Euro monatlich und bis zu 921 Euro für Sachleistungen.

- Stufe III - Schwerstpflegebedürftige müssen rund um die Uhr, auch nachts Hilfe benötigen und bekommen 665 Euro monatlich und bis zu 1.423 Euro bzw. in Härtefällen bis zu 1.918 Euro für Sachleistungen.

Mit dem Pflegegeld für die häusliche Pflege können die pflegenden Angehörigen oder FreundInnen bezahlt werden, wenn diese die notwendige Grundpflege und hauswirtschaftliche Tätigkeit übernehmen. Spätestens ab Stufe II kann die Pflegeperson nicht neben einer (vollen) Erwerbstätigkeit pflegen. Die Folge sind finanzielle Einbußen, schlechte soziale Absicherung und oft gesellschaftliche Isolation. Selbständig leben kann sie von der „Aufwandsentschädigung" aktuell und vermutlich auch im Alter nicht. Der Pflegeperson steht pro Jahr eine vierwöchige Urlaubsvertretung zu und wenn sie mehr als 14 Stunden pro Woche pflegt und nicht mehr als 30 Stunden an anderer Stelle erwerbstätig ist, besteht ein (geringer) Anspruch auf Alterssicherung in der Gesetzlichen Rentenversicherung. 80% aller pflegenden Angehörigen sind weiblich (zwd Nr. 194/2003, S. 14). Die meisten waren 1997 zwischen 45 und 60 Jahre alt, fast ein Viertel jedoch schon zwischen 55 und 60 Jahren. Frauen leisten also den weitaus meisten Teil der privaten Pflegearbeit, werden aber selbst bei Pflegebedürftigkeit viel seltener zu Hause gepflegt, als Männer (Klammer u. a. 2000, S. 298).

Ende 1998 erhielten etwa 1,2 Millionen pflegebedürftige Frauen, aber nicht einmal halb so viele pflegebedürftige Männer Leistungen aus der Pflegeversicherung. 70% bekamen die Leistungen für häusliche Pflege und 30% für Pflege in Heimen. Bei der letztgenannten Gruppe lag das Verhältnis von Frauen zu Männern bei mehr als drei zu eins. Der hohe Anteil pflegebedürftiger Frauen ergibt sich aus deren wesentlich höherem Anteil an allen älteren Menschen. Der hohe Frauenanteil an der stationären Pflege ist darauf zurückzuführen, dass alte Frauen sehr viel seltener als alte Männer über einen Ehepartner verfügen, der eine häusliche Pflege übernimmt. Insgesamt machen die professionellen Hilfen nur etwa 13% der im häuslichen Umfeld erbrachten Leistungen aus. In der Familie wird die Versorgung von Pflegebedürftigen zu zwei Drittel von Frauen, d.h. von Ehepartnerinnen, Müttern, Töchtern oder Schwiegertöchtern übernommen, von denen die Mehrzahl nicht erwerbstätig ist. Die Ideologisierung der Hausversorgung stempelt die Tochter oder Schwiegertochter, die sich dieser Aufgabe, aus welchen Gründen auch immer, entzieht, zur undankbaren Tochter.

Personen (fast ausschließlich Frauen), die nicht erwerbstätig eine/n Pflegebedürftige/n wenigstens 14 Stunden wöchentlich in der häuslichen Umgebung pflegen, sind in der gesetzlichen Unfallversicherung versichert und für sie werden von der Pflegeversicherung Beiträge zur Rentenversicherung gezahlt. Die gilt jedoch nur, wenn die Pflegende neben der Pflege nicht mehr als 30 Stunden wöchentlich erwerbstätig ist. Die Höhe der Beiträge richtet sich nach der Pflegestufe und dem zeitlichen Umfang der Pflegetätigkeit. Die Zahl der Männer, die ihren Beruf (vorübergehend) aufgeben, um solche Pflegeleistungen zu erbringen, dürfte die der Elternzeitväter noch unterschreiten. Pflegende Töchter sind oft überfordert, schließlich haben die wenigsten eine Ausbildung. Auch die Räumlichkeiten in den Wohnungen sind oft unzureichend. Selbst wenn Frauen teilzeitig weiter arbeiten, müssen sie in ihrem Beruf zurückstecken. Auf die Beziehung zwischen Pflegenden und Pflegebedürftigen wirkt sich die häusliche Pflege aus vielerlei Gründen eher negativ aus.

Die von der Bundesregierung eingesetzte Rürup-Kommission diskutiert gegenwärtig darüber, die Pflegeversicherung – anstatt sie zu reformieren – im Sinne niedrigerer Lohnnebenkosten ganz abzuschaffen (vgl. zwd Nr. 194/2003, S. 14).

Ehrenamtliche soziale Arbeit

Ehrenamtliche soziale Arbeit wird unbezahlt geleistet und zu circa 80 % durch Frauen ausgeführt, während Männer die gleiche Menge der Ehren-Ämter innehaben.

Daher muss zwischen dem politischen und sozialen Ehrenamt unterschieden werden. Dennoch kann nicht übersehen werden, dass unbezahlte Arbeit im Sozial- und Gesundheitsbereich auch oft politische Elemente enthält. Wir unterscheiden :

Das politische EhrenAMT

in den Vorständen der Wohlfahrtsverbände, in Aufsichtsräten, Rundfunk- und Fernsehräten, kulturellen, gesellschaftlichen, politischen, wirtschaftlichen, wissenschaftlichen und kirchlichen Gremien. Es wird noch immer vor allem von Männern neben der Berufsarbeit ausgeführt. Meist werden sie unter Fortzahlung der Bezüge von der Arbeit freigestellt und bekommen zusätzlich noch nicht unerhebliche Aufwandsentschädigungen. Frauen kommen im politischen Ehrenamt nur selten vor. „Männer leiten – Frauen tragen die Kirche", so geht es aus einer Studie über die ehrenamtliche Arbeit der evangelischen Kirche in Bayern hervor (Reihs 1995). Das gilt für fast alle Organisationen, in denen „Ehrenamtliche" eine Rolle spielen.

Die soziale ehrenamtliche ARBEIT

in sozial-kulturell-ökologischen Bereichen als (unbezahlte) Arbeit oder (sozial ungeschützte) Dienstleistung. Meist sind es helferische Funktionen im Sinne von sozialen, gesundheitlichen und pflegerischen Tätigkeiten, die für Menschen erbracht werden, die sich nicht, noch nicht, nicht mehr oder vorübergehend nicht selbst helfen können. Ohne ehrenamtliche Arbeit würde das System der sozialen Dienste zusammenbrechen. Damit blieben viele der Sorge und Hilfe bedürftigen Menschen unversorgt (vgl. Notz 1989 und 1999 b). Ohne ehrenamtliche Arbeit würden auch weite Teile der soziokulturellen Arbeit und der Arbeit im Kultur-, Sport- und Freizeitbereich nicht existieren können (vgl. Enquete Kommission 2002).

Der Begriff ehrenamtliche Arbeit unterstellt einen Arbeitsbegriff, in dem Arbeit nur als bezahlte anerkannt wird, während ein riesiger Sektor gesellschaftlich notwendiger Arbeit als solche deartikuliert ist. Das symbolische Entgelt „Ehre" hat die Funktion, zusätzliche notwendige Arbeitskraft außerhalb der Lohnform wie außerhalb der Familie zu mobilisieren. Damit wird ehrenamtliche Arbeit ein Einfallstor für Ideologie, aber auch für die Kritik an der Lohnform der Arbeit.

Eine eigenständige Existenzsicherung fehlt den Frauen, die „ehrenamtlich" in Wohlfahrtsverbänden, Kirchen und anderswo Menschen fürsorgerisch umsorgen und pflegen. Ihre Arbeit ist ohne jeden Schutz und ohne Sicherung der Arbeitsbedingungen. „Ehrenamtliche" Sozialarbeiterinnen sind immer abhängig von einem anderen, eigenen oder fremden Einkommen. Entweder wird die Arbeit durch den aus anderen Arbeitsverhältnissen bezogenen Lohn der Ehrenamtlichen selbst oder - was weit überwiegend der Fall ist – durch den Lohn einer anderen Person finanziert. Diese finanzielle Abhängigkeit bedeutet immer auch eine ideologische Abhängigkeit; sie erfordert die wohlwollende Unterstützung der ehrenamtlich Arbeitenden durch (Ehe)mann und Familie. Die ehrenamtliche Sozialarbeit kann also weder materiell noch ideell eine Alternative zur bezahlten Arbeit darstellen, sondern bleibt ihr stets komplementär. Für viele Frauen ist sie jedoch immer noch die einzige Möglichkeit, außerhalb der Familie gesellschaftlich notwendige und nützliche Arbeit zu leisten.

In der aktuellen sozialpolitischen Diskussion hat das Thema ehrenamtliche Arbeit – neuerdings auch freiwillige Arbeit oder Bürgerschaftliches Engagement genannt – Konjunktur. Soziale Versorgung wird großflächig reprivatisiert, staatlichen Kürzungen zum Opfer fallende soziale Einrichtungen werden der Wohlfahrt überantwortet und der „freiwilligen" ehrenamtlichen Arbeit und der Selbsthilfe übergeben. PolitikerInnen aller Coleur stimmen das hohe Lied des unverzichtbaren und unbezahlbaren „Freiwilligenarbeit" an und sie warnen vor der sozialen Kälte, die morgen regieren wird, wenn wir uns heute nicht ändern. Angeprangert werden die verkrusteten Strukturen der Wohlfahrtsverbände und anderer Organisationen, die die unbezahlte und scheinbar auch unbezahlbare Arbeit für zu wenige attraktiv machen. Wenn es endlich gelänge, weitere ehrenamtliche „Potentiale" zu gewinnen, könnte man zwei Fliegen mit einer Klappe schlagen: Der Arbeitsmarkt würde entlastet und noch mehr Hilfsbedürftige würden zum Nulltarif versorgt. Ehrenamtliche Arbeit wird immer dann ideologisch aufgewertet und den Frauen als Ersatzarbeit angeboten, wenn ihre Arbeitskraft in der bezahlten Erwerbsarbeit nicht gebraucht wird. Nicht selten werden vorher bezahlt geleistet Arbeiten die Mittel im Zuge sozialstaatlicher Kürzungen wieder entzogen. Die Übergänge zwischen geringfügigen und ehrenamtlichen Arbeitsverhältnissen sind oft fließend.

Frauen werden arm, weil sie nicht in einer „Normalfamilie" leben

> *Herr Eder hat während der Parteiversammlungen eine Frau kennengelernt. Nach 10 Jahren Ehe wird die Scheidung ausgesprochen. Die Kinder bleiben bei der Mutter wohnen, das Sorgerecht wird gemeinschaftlich ausgeübt.*

59

Dass Familien mit mehreren Kindern überproportional unter Armut leiden, ist ein Skandal (vgl. Statistisches Bundesamt 2002 b, S. 590). Dass Menschen, die außerhalb der als „normal" angesehenen Kleinfamilie leben, besonders leicht von Armut betroffen sind, ebenso. Obwohl Menschen heute angeblich aus einer Vielzahl von Lebensformen auswählen können, man spricht oft von einer Multi-options-Gesellschaft, führt ein Abweichen von der „Normalbiographie", zu der Ehe und festgelegte Geschlechtsrollen gehören, oft zu Armut. Eine Umgestaltung des Ehegattensplittings, das vor allem den Tatbestand der Ehe und alleinverdienende Ehemänner subventioniert, steht nicht (mehr) auf der Agenda der Regierungsparteien. Aber auch die Ehe als Versorgungsinstanz bröckelt; geschiedene Mütter müssen oft von Sozialhilfe leben und haben auch im Alter keine besseren Aussichten.

So leben z.B. 2,5 Mio. „alleinstehende" Frauen von Sozialhilfe. „Alleinerziehende" sind finanziell am Ärmsten dran. Alleinerziehende wehren sich mit Recht dagegen, per se als arme Frauen zu gelten. Viele haben sich diese Lebensform selbst gewählt, oder sie erscheint ihnen erstrebenswerter, als das Aufrechterhalten einer unerträglichen Beziehung. Dennoch kann nicht übersehen werden, daß insbesondere alleinerziehende Mütter zu Bittstellerinnen gegenüber dem Staat gemacht werden. Im Mai 2000 waren - nach den Zahlen des Statistischen Bundesamtes – 2,9 Millionen Familien „Einelternfamilien, das waren 19,9 % aller Familien mit minderjährigen Kindern in der BRD. In den neuen Bundesländern waren es 29,8 %, in den alten Bundesländern 17,4 %. Mittlerweile ist jede fünfte Familie eine Einelternfamilie. Mit über zwei Drittel ist der Anteil von Einelternfamilien mit einem Kind an allen Einelternfamilien am größten. Insgesamt wuchsen in Deutschland über 2,8 Millionen minderjährige Kinder bei nur einem Elternteil auf, davon 436 000 bzw. 15 % beim Vater und 2,4 Millionen bzw.

85 % bei der Mutter (Statistisches Bundesamt 2000). In den alten Bundesländern sind 10,2 %, in den neuen Bundesländern 23,6 % der alleinerziehenden Frauen erwerbslos. 30,6 % der haushalte Alleinerziehender beziehen weniger als die Hälfte des durchschnittlichen Haushaltseinkommens; 67 % erreichen nur bis zu 75 % (Bäcker/Koch 2003, S. 114).

Fast jede dritte alleinerziehende Frau mit minderjährigen Kindern im Westen bezieht Sozialhilfe (BMFSFJ 2002 a, S. 109), im Osten lebt die Hälfte dieser Frauen von Sozialhilfe. Das sind überwiegend jüngere Mütter unter 40 Jahren mit Kindern unter drei Jahren und das ist ohne Zweifel ein Ergebnis der Anlage des Bundeserziehungsgeldgesetzes, verbunden mit fehlenden Kinderbetreuungsmöglichkeiten und Ideologisierung der Hausversorgung von unter dreijährigen Kindern. 40,8 % der Alleinerziehenden mit zwei Kindern und 56,3 % derjenigen mit drei Kindern bezogen länger als ein Jahr Sozialhilfe. Diese Frauen sind arm, egal wie gut sie ausgebildet sind und welcher sozialen Schicht sie angehören.

Alleinerziehende nehmen die Elternzeit ebenso wie Verheiratete und können ebensowenig davon leben. Das Erziehungsgeldgesetz sieht vor, dass diejenigen, die die Elternzeit in Anspruch nehmen, den Vater des Kindes als „Haupternährer" an der Seite haben. Das trifft für Alleinerziehende nicht zu. Oft haben nicht einmal ihre Kinder Zuwendungen durch den Vater zu erwarten. Ein Drittel der zum Unterhalt verpflichteten Väter zahlt überhaupt nicht, ein Drittel unregelmäßig oder unvollständig, nur ein weiteres Drittel zahlt regelmäßig und vollständig. Alleinerziehende werden deshalb vom Staat „großzügig" behandelt. Sie bekommen neben dem Erziehungsgeld den vollen Sozialhilfesatz und das Einkommen der (Groß)Eltern wird – anders als sonst – bis zum 6. Lebensjahr des Kindes nicht gerechnet. Nun sind sie jedoch „arme Frauen" und man kann sie staatlicherseits kontrollieren.

Alleinerziehende Frauen in den neuen Bundesländern sind eine der am stärksten von Erwerbslosigkeit und Armut betroffenen Bevölkerungsgruppe in der BRD. Ihre Alltagssituation ist gekennzeichnet vom „Kampf ums Geld". Sie müssen ständig neue Anträge stellen, sich dauernd um neue Maßnahmen bemühen und sehen sich einer ständig schwindenden Zahl von Kindertagesstätten und Kindergartenplätzen mit kontinuierlich steigenden Kosten gegenüber. Ganz zu schweigen ist von den fehlenden Ganztagsschulen. Zudem beklagen gerade Frauen in den neuen Bundesländern, dass sie unter gesellschaftlichen und beruflichen Diskriminierungen zu leiden haben, die sie früher nicht kannten. Die psychischen Folgen des Ausschlusses aus gesellschaftlich organisierter bezahlter Arbeit haben auch sie zu tragen. Dennoch darf nicht übersehen werden, dass Alleinerziehende häufiger als Familienfrauen einen Beruf ausüben. 59 % der verheirateten Mütter (West 56 %, Ost 74 %) und 64 % der alleinerziehenden Frauen (West 65 %, Ost 63 %) waren im Jahr 2000 berufstätig (BMFSFJ 2000)

Frauen werden arm, weil sie erwerbslos sind

Frau Müller-Eder hat zwar noch genügend Arbeit, aber sie bekommt dafür kein Geld. Nicht nur, weil sie mit ihren Kindern alleine steht, sucht sie dringend eine Arbeit, durch die sie die Existenz ihrer verbleibenden Familie sichern kann. Infolge der Zunahme der Frauenerwerbslosigkeit, besonders auch im Dienstleistungsbereich, hat sie kaum Chancen, eine solche Erwerbsarbeit zu bekommen.

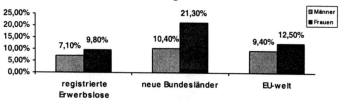

von Erwerbslosigkeit Betroffene

(Quelle: *Europäische Kommission 1996, S. 147 f.).*

In der BRD waren im April 2003 4,7 Millionen Erwerbslose registriert. Rechnet man die Dunkelziffer dazu, so fehlen fast 7 Mio. Arbeitsplätze. Frauen sind im Vergleich zu ihrer Beteiligung am bezahlten Arbeitsmarkt sowohl in den alten als auch in den neuen Ländern stärker als Männer von Erwerbslosigkeit betroffen.

Das wahre Ausmaß der Erwerbslosigkeit dürfte viel höher sein als berichtet. Nicht registriert sind die KurzarbeiterInnen, die Beschäftigten in Arbeitsbeschaffungsmaßnahmen, die UmschülerInnen, VorruheständlerInnen und viele Frauen, die gerne eine bezahlte Erwerbsarbeit leisten würden, sich aber nicht registrieren lassen, weil sie keine Chancen sehen.

Nach wie vor ist das Niveau der Erwerbslosigkeit im Osten wesentlich höher als im Westen. 1998) waren dort 19,8 % Frauen und 15,5 % Männer erwerbslos. Im Westen waren es 8,7 % der Münner und 8,2 % der Frauen (BfA 2000). Besonders hoch ist die Erwerbslosenquote älterer Frauen. Vor allem in Ostdeutschland erreichen sie bei den über 55-jährigen Frauen extrem hohe Werte von mehr als 40 % (Klammer u.a. 2000, S. 113). Erschreckend ist die Zahl der Langzeiterwerbslosen. In den neuen Ländern sind Frauen wesentlich stärker von Langzeiterwerbslosigkeit betroffen als Männer: Mehr als 40 % der erwerbslosen Frauen in Ostdeutschland gehörten 1998 zu den Langzeiterwerbslosen. Zwei Drittel aller ostdeutschen langzeiterwerbslosen sind Frauen (S. 114). Eine unglaubliche Entwertung von angesammelten Qualifikationen und Erfahrungen ist die Folge. Dass Langzeiterwerbslosigkeit zudem zur Verarmung führt, beweisen die statistischen Zahlen: Von Juli 2001 bis Juli 2002 ist die Zahl der Arbeitslosenhilfe-EmpfängerInnen um etwa 235.500 auf 1,7 Millionen gestiegen, davon waren 700 000 Frauen, wobei der Anteil im Osten deutlich höher ist, als im Westen. Viele Langzeiterwerbslose rutschen schon nach kurzer Erwerbslosigkeit in die niedrigere Lohnersatzleistung oder verlieren ihre Ansprüche ganz.

Die beabsichtigten Kürzungen bei den Lohnersatzleistungen, vor allem bei der Arbeitslosenhilfe, werden in erster Linie Frauen aus dem Leistungsbezug und damit aus der Arbeitsförderung drängen.

Durch den Wegfall vieler Weiterbildungsmaßnahmen auf Grund der drastischen Mittelkürzungen der Nürnberger Bundesanstalt für Arbeit wird sich die Lage der Beschäftigten und Erwerbslosen noch verschlechtern. Gefördert werden sollen künftig nur noch Maßnahmen, die eine „nennenswerte Eingliederungschance" von mindestens 70 % erwarten lassen. Angesichts des Mangels an Erwerbsarbeitsplätzen bedeutet das eine weitere Ausgrenzung von sogenannten „Problemgruppen" aus dem Arbeitsmarkt wie beispielsweise älteren Frauen. Die beabsichtigte Ausgabe von Bildungsgutscheinen an Erwerbslose ist von dem Ergebnis einer Eignungsprüfung bei den Arbeitsämtern abhängig, die teilweise schwierige Fragen enthält, die nicht einfach beantwortet werden können. So kommt es zu einer weitere Ausgrenzung des „bildungsungewohnten" Personenkreises.

Als Gründe für die hohe Frauenerwerbslosigkeit werden immer wieder die Zunahme des weiblichen Erwerbspotentials sowie Wettbewerbsnachteile, die Frauen vor allem durch Familienpflichten haben, genannt (vgl. BMFJ 53/54 zit. nach Deutscher Frauenrat 1994, S. 18). D.h. den Frauen selbst wird die Schuld zugeschrieben. Für Männer ist die Beteiligung an der Erwerbsarbeit ohnehin selbstverständlich.

Familienpflichten beeinträchtigten die Wettbewerbsfähigkeit der Frauen vor der „Wende" in weitaus geringerem Ausmaß, weil sie auf dem Arbeitsmarkt gebraucht wurden und Kindertagesstätten zur Verfügung standen. Man kann die These aufstellen: Immer dann, wenn die Wirtschaft die Arbeitskraft der Frauen benötigt, steht ihrer „Erwerbsneigung" nichts im Wege. Immer dann wird auch das Primat der häuslichen Versorgung von Kindern und alten Menschen aufgehoben.

Wenn, wie es nach den Vorschlägen der Hartz-Kommission (Hartz 2002) und nach der von Bundeskanzler Schröder vorgetragenen Agenda 2010 vorgesehen ist, Arbeitslosenhilfe und Sozialhilfe zum Arbeitslosengeld II zusammengelegt werden, werden viele Frauen keine Arbeitslosenhilfe mehr erhalten. Das ALG II ist gedacht für BezieherInnen von Arbeitslosenhilfe und erwerbstätige Sozialhilfebeziehende. Die geplante Absenkung der Arbeitslosenhilfe um 20 % beim anzurechnenden Einkommen des Partners und die Absenkung des pauschalen Vermögensfreibetrags auf 13.000 Euro wird zwar zur Einsparung von Sozialleistungen und zum Absinken der Erwerbslosenstatistik führen, aber sie wird auch zur Folge haben, dass viele Frauen aus dem Bezug der Arbeitslosenhilfe herausfallen. Dies vor allem deshalb, weil die Arbeitslosenhilfe nach dem Nettolohn berechnet wird und Frauen, die Teilzeitarbeit leisten, in den unteren Vergütungsgruppen angesiedelt sind. Auch die vorgesehene Anrechnung des Partnereinkommens und -vermögens der privaten Altersvorsorge würde überdurchschnittlich viele Frauen in noch größere Abhängigkeit von ihrem Partner- bzw. vom Sozialamt bringen. Schon heute bekommen 85 % der Frauen, die Arbeitslosenhilfe beziehen, weniger als

600 Euro im Monat und jede fünfte Frau hat weniger als 300 Euro monatlich zur Verfügung. Erwerbslosigkeit ist mit 33 % eine der häufigsten Ursachen des Sozialhilfebezugs. ExpertInnen befürchten zudem, dass nach der Abschaffung der Arbeitslosenhilfe die Abschaffung der Sozialhilfe in der heutigen Form droht. Wenn – wie nach der Agenda 2010 beabsichtigt, der Kündigungsschutz besonders für Kleinbetriebe aufgeweicht wird, wird es wiederum Frauen besonders treffen, denn sie sind es, die schon heute bei „Flauten" als erste nach Hause geschickt werden.

Frauen werden arm, weil sie als „Fremde" oder „Andere" angesehen werden

Arm sind obdachlose Frauen und Wanderarbeiterinnen besonders in den peripheren „Entwicklungsländern", die auf der Suche nach Arbeit durch die Welt vagabundieren, aber nirgendwo ankommen. Arm sind auch Frauen, die im sich weltweit ausbreitenden informellen Sektor, der Hinterland-, Hinterhof und Straßenökonomie arbeiten. Dieser informelle Sektor wird oft glorifiziert. In Wirklichkeit ist er eng mit dem regulären Sektor verbunden und nimmt die Arbeitskräfte auf, die dort verdrängt werden. Arm sind Frauen, die Gewalterfahrungen gemacht haben, misshandelte und geschlagene Frauen ganz abgesehen von den Ärmsten der Armen, die in den Gefängnissen oder anderen Anstalten leben.

Nach einem Bericht (Soziale Ungleichheit 1996, 2, S. 7) sind ca. 180 000 Menschen ohne Wohnung, 15 % sind Frauen. Nicht mitgerechnet sind die Frauen in Obdachlosenunterkünften, solche, die bei Freundinnen oder Freunden Unterkunft suchen und finden, um nicht auf der Straße zu stehen. Schließlich kehren viele Frauen aufgrund wirtschaftlicher Not und Obdachlosigkeit wieder zu Familien oder Partnern zurück, von denen sie aufgrund massiver Konflikte oder Gewalterfahrungen gerade geflohen waren. Manche rutschen von einem Gewaltverhältnis ins andere, weil sie aus den genannten Gründen zu schnell beim nächsten Mann einziehen müssen, bei dem dann leider auch nicht alles anders wird.

In der Bundesrepublik Deutschland lebten im Jahr 2000 7,3 Millionen ausländische MitbürgerInnen, davon 3,34 Millionen Frauen (45,7 %). Der Anteil von Mädchen und Frauen ausländischer Herkunft in der Bevölkerung hat durch Heiratsmigration und durch Geburten in Deutschland in den letzten Jahrzehnten erheblich zugenommen (BMFSFJ 2002 a, S. 188). Freilich sind Migrantinnen nicht per se ärmer als andere Frauen. Ihre Situation ist jedoch schon deshalb prekär, weil sie immer noch kein eigenständiges Aufenthaltsrecht haben. Auch nach der Änderung des Ausländergesetzes vom 25.5.2000 erhalten ausländische Ehepartnerinnen im Fall der Trennung erst nach zwei Ehejahren ein eigenständiges Aufenthaltsrecht. Scheitert die Ehe vor dieser Frist, wird die Frau abgeschoben. Misshandlungen oder Gründe, die einer Frau die Rückkehr in das Heimatland unmöglich machen, werden oftmals nicht als „Härtefälle" von den Gerichten anerkannt. Der weitaus größte Teil in der BRD lebenden Migranten sind Ehefrauen von deutschen oder ausländischen Männern, die ein Aufenthaltsrecht haben. Erhält die Ehefrau eine befristete Aufenthaltserlaubnis, dann ist sie während des ersten Jahres sozialhilfeberechtigt. Die Verlängerung ihrer Aufenthaltserlaubnis hängt davon ab, dass kein Ausweisungsgrund besteht. Der (vorübergehende) Bezug von Sozialhilfe ist jedoch ein Grund zur Ausweisung. Sozialhilfe wird so zum Bumerang derjenigen, die Unterstützung bräuchten. Ihnen zieht der Staat den Boden unter den Füßen weg. Der Armutsbericht des DGB/ Paritätischer Wohlfahrtsverband bezeichnet bereits 1994 37,2 %

aller AusländerInnen als unterversorgt (Hanesch u.a. 1994). Für sie sollen nun verstärkt Arbeitsplätze in Privathaushalten (sog. Mini-Jobs) geschaffen werden, meist schlecht bezahlt und von persönlicher Abhängigkeit gekennzeichnet.

Einerseits wird immer wieder damit argumentiert, dass „das Boot" voll sei und die Bundesrepublik Deutschland daher in Zukunft weniger MigrantInnen aufnehmen könnte, zumal die „Grenzen der Belastbarkeit" erreicht seien. Andererseits – so ein UN-Bericht (vgl. taz vom 7.1.2000) – bräuchte die BRD angesichts sinkender Bevölkerungszahlen pro Jahr 500 000 Einwanderer alleine um die gegenwärtige Bevölkerungszahl zu halten und der „Überalterung" der Gesellschaft entgegenzuwirken. Sollte dies erreicht werden, müssten allerdings diejenigen, die – egal aus welchen Gründen – in unser Land kommen, menschenwürdige Lebensmöglichkeiten und existenzsichernde Erwerbsarbeitsplätze, auf deren Gestaltung sie ebenso wie die „einheimische" Bevölkerung einwirken können, vorfinden.

Das soziale Netz hat viele Löcher

Immer wieder sind es Frauen, die aufgrund ihres „doppelten Lebensentwurfes", oder weil ihnen ein solcher unterstellt wird, aus dem sozialen Netz herausfallen. Die Verknappung von existenzsichernden Arbeitsplätzen und die Tatsache, dass Arbeitsmarkt-, Familien- und Sozialpolitik an einem Familienmodell orientiert sind, das für Männer die „Haupternährerrolle" und für Frauen die Rolle der „Zuverdienerin" vorsieht, führt zu gnadenloser Konkurrenz um verbleibende Arbeitsplätze und verdrängt Frauen aus dem regulären Arbeitsmarkt in prekäre Beschäftigungsverhältnisse oder in den Haushalt. Egal, wie Frauen leben: Von der Möglichkeit, sich eigenständig zu ernähren, sind viele ausgeschlossen. Sie können nicht ohne Abhängigkeit von anderen Personen (meist ist es der Ehemann) leben. 70 % der Armen sind Frauen — weltweit. Es ist also völlig richtig, von einer Feminisierung der Armut zu sprechen.

Was ist Armut?

Es gibt absolute, objektive Armut und es gibt relative Armut. Absolut arm sind Menschen in Ländern wie Somalia, Äthiopien, Bangladesch, weil dort fast alle Menschen über wenig Ressourcen verfügen. In Nordamerika und Europa herrscht relative Armut, das heißt, den meisten geht es gut, einigen sehr gut, aber vielen geht es im Vergleich zu den anderen beiden Gruppen schlecht. Im Jahre 2003 lebten auf der gesamten Welt 1,2 Milliarden Menschen von weniger als 1 Dollar pro Tag, sie gelten per UN-Definition als arm.

Die meisten Armutsberichte analysieren die relative Armut. D.h., „Armut" wird danach bestimmt, wie weit eine Person oder Personengruppe von der Teilhabe am gesellschaftlichen Reichtum entfernt ist. Bis heute streiten sich die Gelehrten, wie Armut zu definieren sei und ab welchem Grad der Unterausstattung oder Unterversorgung Armut beginnt. Die Antwort hängt davon ab, wie viel Ungleichheit an Lebenschancen und Lebensbedingungen wir in dieser reichen Gesellschaft und dazu zählt die Bundesrepublik Deutschland, als gegeben hinzunehmen bereit sind und ab welchem Grad an Ungleichheit wir einen sozialpolitischen Korrektur- und Handlungsbedarf einfordern.

In der Bundesrepublik wird die Armutsgrenze in der Regel mit der Sozialhilfeschwelle gleichgesetzt, d.h. mit dem Leistungsniveau des letzten sozialen Netzes. Oder: Arm ist, wer unterstützt wird, wer aber unterstützt wird, ist nicht mehr arm. Diese Sichtweise hat zur Folge, dass die Existenz von materieller Armut schlichtweg geleugnet werden kann.

So hieß die Antwort der damals liberal-konservativen Bundesregierung auf eine Anfrage der Sozialdemokratischen Partei Deutschlands, die zur Opposition zählte, im Februar 1996 im Bundestag (Bundestags-Drucksache 13/15 1996): Die Bundesregierung erkenne keine „zunehmende Verarmung und Verelendung von Teilen der deutschen Bevölkerung". Auch sei die Zahl der Sozialhilfebezieher kein „Armutsindikator", da die Sozialhilfe Armut bekämpfe. Jede Person, die ein Einkommen hat, das unterhalb des Sozialhilfeniveaus liegt, hat Anspruch auf diese Leistung (allerdings nicht voraussetzungslos). Niemand muss — so die offizielle Argumentation — in der Bundesrepublik unterhalb dieser Armutsschwelle leben. Armut taucht folglich in der regierungsamtlichen Sozialberichterstattung nicht einmal als Problem auf. Armut ist ein Phänomen der sog. Dritten Welt. Zugegeben wird höchstens die sogenannte „verschämte Armut", d.h. die Armut alter Menschen, die nicht zum Sozialamt gehen wollen, weil sie sich schämen oder über ihre Rechte (angeblich) nicht Bescheid wissen. In der Zwischenzeit ist der Armuts- und Reichtumsbericht der grün-sozialdemokratischen Bundesregierung erschienen (Bundesministerium für Arbeit und Sozialordnung 2001). Er gibt ein differenzierteres Bild über die soziale Ungleichheit in der BRD.

Viele alte Menschen gehen gar nicht zum Sozialamt, weil sie wissen, dass ihre erwachsenen Kinder gegenüber ihren Eltern unterhaltspflichtig sind, wie auch Eltern noch für ihre erwachsenen Kinder zu Unterhaltszahlungen herangezogen werden können. Gegen diesen Missstand werden keine konsequenten Schritte unternommen. Aus Befragungen in Nordrhein-Westfalen ist zudem deutlich geworden, dass viele Frauen lieber auf Sozialhilfe verzichten, anstatt kleine Summen von Ersparnissen zu offenbaren (vgl. Mascher 1996). In der Vorstellung vieler alter Frauen ist es beschämend, nach einem arbeitsreichen Leben auf Almosen angewiesen zu sein. Zudem gibt es auch noch eine Reihe anderer Menschen, die mit einem Einkommen unterhalb des Sozialhilfeniveaus leben müssen, z.B. Migrantinnen, die unter der Gefahr, ausgewiesen zu werden, den Gang zum Sozialamt nicht antreten.

Armut ist keine Verhandlungsmasse und sie muss immer im Zusammenhang mit Reichtum gesehen werden. Armut und Reichtum sind zwei Seiten einer Medaille der sozialen Ungleichheit. Und diese soziale Ungleichheit gilt es anzuprangern. Armut kann nur durch Umschichtung von Reichtum beseitigt werden. Um das zu erreichen, wäre es zunächst einmal notwendig, dass für alle Menschen, die das wollen, existenzsichernde sinnvolle Arbeit zur Verfügung steht und dass sie für ihre Leistung angemessen am Sozialprodukt beteiligt werden. Wer selbst nicht, noch nicht oder nicht mehr für sein Einkommen sorgen kann, könnte dann von der Solidargemeinschaft leicht mitgetragen werden. Wenn eine solche Umverteilung geschehen würde, bräuchten wir uns überhaupt nicht mehr um Armutsbegriffe zu streiten. Weltweit gesehen bleibt das eine Utopie, so lange nicht mehr Transfers in die armen Regionen der Welt gebracht werden. Die UNO rechnete in ihrem letzten Entwicklungsbericht aus, dass es noch 130 Jahre dauern würde, bis die Anzahl der Armen auf die Hälfte redzuiert wird, wenn die Geberstaaten im Tempo der letzten Dekade weitermachen (Koufen 2003, S. 9).

Ist Armut eine Episode im Lebenslauf?

Armutsstudien (für die BRD z.B. Leibfried/Leisering 1995) beschreiben „Armut" als „häufig nur eine Episode im Lebenslauf", die von einem Großteil der Betroffenen „aktiv bewältigt" wird. Da ist die Rede von vorübergehender oder temporärer Armut. Das soll heißen, wenn die Erwerbslose eine ABM erhält, ist ihre

Armut (zumindest vorübergehend) vorbei. Wenn die Alleinerziehende wieder einen Ehemann erhält, hat sie ihre Armut „aktiv bewältigt". Bei der Rentnerin mit den 361 Euro durchschnittlicher Rente (siehe weiter hinten) wird das schon schwieriger.

Tatsächlich nahmen Mitte der 90er Jahre 57 % der SozialhilfeempfängerInnen die Leistungen der Sozialhilfe weniger als ein Jahr lang in Anspruch und „nur" 11 % über eine Dauer von fünf oder mehr Jahren (vgl. Strasser 1996, S. 236). Frauen verblieben durchschnittlich „nur" 9,4 Monate in der Sozialhilfe (Alleinlebende 24 Monate).

Das kann man als Episode bezeichnen. Aber das sind 9½ diskriminierende Monate, wo viele nicht wissen, wie es weitergehen soll und dieser Durchschnittswert sagt nichts über die Langzeitarmut und die Verschlechterung der Arbeits- und Lebensbedingungen durch die Armutserfahrung aus. Jeder Mensch braucht eine bestimmte Zeit, um Armut zu überwinden. Auch vorübergehende Armut und Abhängigkeit von Sozialhilfe kann den Einkommensausfall, die Entwertung der Qualifikation und den Verlust an Aufstiegschancen kaum wettmachen. Viele ältere Erwerbslose und Frühverrentete – darunter sind ebenfalls viele Frauen – interpretieren ihre aktuelle gesellschaftliche Situation als einen irreversiblen Sozialabstieg. Darunter leiden sie, auch wenn sie wissen, dass sie ihn nicht selbst verschuldet haben.

Wo das Netz ein Loch hat

Ich habe aufgezeigt, dass das bundesrepublikanische soziale Sicherungssystem ein Netz mit großen Maschen ist. Der Sozialstaat ist keinesfalls das Netz, das alle auffängt, die herauszufallen drohen. Das Netz hat viele Löcher und besonders viele Frauen stehen da, wo das Netz gerade ein Loch hat.

Frauen sind nicht nur überproportional auf Sozialhilfe angewiesen, sondern sie sind es auch, die bei Sozialhilfebezug in der Familie mit dem wenigen Geld wirtschaften müssen, d.h. Sozialhilfeempfängerinnen wird in noch weit größerem Umfang als anderen Frauen unbezahlte Haus- und Erziehungsarbeit abverlangt. Ihnen wird ein äußerst sparsamer und damit zeitlich aufwendiger Einkauf zugemutet, da der Sozialhilferegelsatz auf der Basis von Billigpreisen zusammengestellt worden ist. Da Sozialhilfeempfängerinnen kein eigener PKW zusteht und die im Regelsatz vorgesehene Position für Mobilität (d.h. Benutzung des öffentlichen Personennahverkehrs) äußerst niedrig veranschlagt ist, bedeutet das i.d.R. einen wesentlichen höheren Zeit- und finanziellen Aufwand für den Einkauf, weil Supermärkte oft nicht erreicht werden können. Das in Form von einmaligen Beihilfen genehmigte Kleidergeld verlangt von ihnen einen sorgfältigen Umgang mit Kleidung. Sie sollen möglichst viele Arbeiten ohne technische Hilfe erledigen. Eine Waschmaschine gibt es nur für größere Familien (mit drei und mehr Kindern) oder bei Krankheit oder Allergien, ganz zu schweigen von Geschirrspüler und anderen Haushaltsgeräten. SozialhilfeempfängerInnen müssen zudem einen hohen Aufwand an bürokratischer Antragstellung betreiben und lange Wartezeiten auf den Ämtern – auch wenn sie Kinder dabei haben – auf sich nehmen. In der Regel fällt diese Aufgabe wiederum den Frauen zu.

C. Die soziale Sicherung wird durch den Sozialstaat geregelt

Was ist ein Sozialstaat?

Sozialstaat bezeichnet einen Staat, der gemäß seiner Verfassung verpflichtet ist, soziale Gerechtigkeit in den gesellschaftlichen Verhältnissen anzustreben. In der Bundesrepublik ist das Sozialstaatsprinzip seit der Gründung der Bundesrepublik Deutschland verfassungsrechtlich verankert (Art. 20 und 28 des Grundgesetzes).

Aufgabe des sozialen Rechtsstaats ist es, den Inhalt der Gesetzgebung und die Auslegung der Gesetze an seinem sozialstaatlichen Auftrag zu orientieren. Ihm kommt damit eine aktive Rolle zur Herstellung sozialer Gerechtigkeit zu. Dem Grundgesetz folgend wäre es also Aufgabe staatlicher Sozialpolitik, möglichst große Sicherheit und Chancengleichheit für alle Gesellschaftsmitglieder herzustellen. Dafür müsste er einen relevanten Anteil seiner Ressourcen reservieren, um auf diese Weise die Teilhabechancen der Bevölkerung an Einkommen, Gesundheit, Wohnen und Bildung zu verbessern und aneinander anzugleichen. Die Gleichberechtigung der Frauen ist durch Artikel 3 (2) des Grundgesetzes – den wir vor allem dem mutigen Kampf von Elisabeth Selbert, unterstützt durch ihre Genossin Frieda Nadig, zu verdanken haben – zusätzlich eindeutig festgelegt (vgl. hierzu ausführlich Notz 2003 a).

Zentrale Bereiche der Sozialstaatlichkeit sind Sozialpolitik, Wohnungspolitik und Familienpolitik und das Arbeitsrecht.

Zu den Mitteln der staatlichen Sozialpolitik gehören

- gesetzliche Maßnahmen, die die gesellschaftliche Stellung sozial schwächerer Gruppen und Schichten (insbesondere zum Schutz vor wirtschaftlich Stärkeren) absichern sollen (z.B. Arbeitsrecht, Arbeitsschutzgesetzgebung, Kündigungsschutz etc.);

- die Bereitstellung öffentlicher Güter, die sonst aufgrund ihrer Anschaffungs- und/oder Unterhaltungskosten Privileg weniger wären (z.b. Bäder, Verkehrsmittel, Erholungsstätten, Schwimmbäder, Büchereien);

- Steuererleichterungen oder direkte finanzielle Zuwendungen an nach Einkommenshöhe, Familienstand oder anderen sozialen Kriterien abgrenzbare Personengruppen, z.B. in Form von Sozialhilfe, Kindergeld, Ausbildungsförderung, Wohnungsbauprämien;

- Maßnahmen der Sozialversicherung und der Versorgung. Auch finanz-, wirtschafts-, bildungs- und gesundheitspolitische Maßnahmen können sozialpolitische Auswirkungen haben;

- die Sozialhilfe. Sie wird auf kommunaler Ebene ausgezahlt und beruht auf dem Prinzip der Fürsorge.

Schon seit Mitte der 1960er Jahre wurde aufgrund von „Krisenerscheinungen" in der Wirtschaft die Erreichung der angestrebten Chancengleichheit mehr als fraglich. Die sich ergebenden Zielkonflikte zwischen sozialpolitischen Aufgaben und wirtschaftsfördernden Maßnahmen führten zu Einschränkungen bei Sozialinvestitionen, besonders im Bildungswesen. Die finanzielle Lage der Renten- und vor allem auch der Arbeitslosenversicherung verschlechtert sich laufend. Immer wieder wird die finanzielle Beteiligung der Nutznießer von Sozialausgaben (z. B. bei der Krankenversicherung) vorgeschlagen. Gleichzeitig ergeben sich Probleme durch die sozialen Auswirkungen wirtschafts- bzw. steuerpolitischer Maßnahmen. Vorschläge von Seiten der PolitikerInnen gehen dahin, Teile der in das System staatlicher Sicherung einbezogenen Leistungen wieder zu privatisieren. Das erscheint problematisch, weil die, trotz wirtschaftlicher Probleme und Erwerbslosigkeit anhaltende, relative soziale und politische Stabilität der BRD gerade dem vorhandenen „Netz" der sozialen Sicherung zu danken ist.

Warum ist der Sozialstaat in der Krise?

Der westdeutsche Sozialstaat mit der „sozialen Marktwirtschaft", der „Sozialpartnerschaft" und einem System von Sozialversicherungen ist – so wird es von PolitikerInnen aller Couleur beklagt – in der Krise. Die Bundesrepublik ist noch immer eines der reichsten Länder der Welt. Warum kommt der Sozialstaat gerade heute in Schwierigkeiten? Warum spricht man bereits von der Unbezahlbarkeit des Sozialstaats oder gar davon, dass er am Ende sei?

Die Kassen sind leer, und die vormundschaftliche Wohlfahrtspolitik mache den einzelnen zum passiven Konsumenten „fürsorglicher Belagerung" (Keupp 1998). Damit wird den Schwächeren in unserer Gesellschaft unterstellt, sie würden konsumieren, ohne die Finger zu krümmen.

Vor allem sind es fünf Argumente, die immer wieder angeführt werden, wenn es darum geht, zu erklären, warum der Sozialstaat überlastet ist:

1. Es sind zu viele Frauen, die auf den Arbeitsmarkt drängen, obwohl keiner sie gerufen hat

Auf das Argument wurde im Bezug auf die enger werdenden bezahlten Arbeitsmärkte bereits eingegangen. Die traditionelle Sozialpolitik geht nach wie vor von einem Modell männlicher, vollzeitiger Erwerbstätigkeit aus und bezieht Frauen, die nicht oder vorübergehend nicht erwerbstätig sind, nur über die Lebensform der Ehe ein. Den durch berufstätige (Ehe)frauen, alleinerziehenden Müttern und anderen Lebensformen vielfach veränderten Vorstellungen des Zusammenlebens (vgl. Notz 2003 b) wird das an „Haupternährer" und Hausfrau oder bestenfalls „Zuverdienerin" orientierte Sozialversicherungsmodell nicht gerecht. Die „gebrochene" Erwerbsbiografie, wie sie am Beispiel von Frau Müller-Eder dargestellt worden ist, wird erst in den letzten Jahren durch Anrechnung von Erziehungs- und Pflegezeiten und völlig unzureichend berücksichtigt.

2. Es gibt zu wenig (weiße, deutsche) Kinder, die unbedingt notwendig seien, damit sie in ihrem Erwachsenenalter in das Rentensystem einzahlen können und somit den „Generationenvertrag" aufrecht erhalten können

Dem ebenfalls viel strapazierten Argument, die Rentenkassen würden deshalb leer, weil die Geburtenraten zurück gehen („Abfall der Geburtenrate") und der „Generationsvertrag" deshalb nicht eingehalten werden kann, muss entgegengehalten werden, dass höhere Geburtenraten alleine weder kurz- noch langfristig Mittel gegen die „Überalterung" der Bevölkerung sein können. Kinder können nur dann in die Rentenversicherung einbezahlen, wenn sie im Jugendlichen- und Erwachsenenalter entsprechende Ausbildungen und darauf folgende Erwerbsmöglichkeiten vorfinden, die ihnen das ermöglichen. Ist das nicht der Fall, werden auch sie dem Sozialstaat, dem das Geld bereits jetzt auszugehen droht, zur „Last" fallen. Heute bekommen viele Jugendliche keinen oder keinen interessanten Ausbildungsplatz und haben auch keine Aussicht, später einen (befriedigenden) Erwerbsarbeitsplatz zu bekommen. Es wird höchste Zeit, dass Menschen, egal ob sie mit oder ohne Kinder leben, dafür Sorge tragen, dass die Welt für die nachfolgende Generationen wieder lebbar wird. Das heißt, dass die

„Alten" die Welt besser hinterlassen, als sie sie vorgefunden haben. Und das hieße, vor allem gegen die soziale Ungleichheit anzugehen und sich für eine Demokratisierung und Humanisierung der Arbeits- und Lebensbedingungen einzusetzen. Erst dann hätte die ältere Generation den „Generationenvertrag" eingelöst.

3. ArbeitnehmerInnen sind zu wenig flexibel, zu wenig zur Anpassung an veränderte Bedingungen bereit

Wie bereits aufgezeigt wurde, haben die meisten Arbeitnehmerinnen bereits vielfältige flexible Arbeitsverhältnisse inne. Es ist vor allem die stetig steigende Erwerbslosigkeit, die die Sozialkassen belastet und den Sozialstaat aushöhlt, und zwar in doppelter Weise: Einerseits schrumpft die Beitragsbasis; andererseits steigen die Leistungsverpflichtungen im Bereich der Arbeitslosenversicherung, der Rentenversicherung (bei Frühverrentung) und der Sozialhilfe.

Und damit wächst auch der sowieso schon gigantische Schuldenberg. Die Tatsache, dass die „Sanierung" der DDR nach der Wende zum Teil aus Sozialversicherungsbeiträgen, anstelle aus Steuergeldern finanziert wurde, hat die Rentenversicherung ausgehöhlt. Hinzu kommt die durch hohe Verschuldung verursachte Zinsbelastung, die die nachfolgenden Generationen belasten werden. Zur Sparpolitik der (jetzigen) Bundesregierung, die sich mit den „Altlasten" herumschlagen muss, scheint es keine Alternative zu geben. Allerdings kann man sich darüber streiten, an welchen Ecken und auf wessen Kosten gespart werden soll.

4. Die Löhne in der Bundesrepublik sind zu hoch

Die Ursache für die leeren Kassen der sozialen Sicherungssysteme ist vor allem darin zu sehen, dass lediglich ArbeiterInnen und Angestellte in die Versicherungen einbezahlen müssen und dass - bedingt durch die hohe Erwerbslosigkeit und das Ansteigen von unbezahlten Jobs und „illegaler" Arbeit – die Anzahl der EinzahlerInnnen immer weniger wird. Schließlich arbeiten in der BRD bereits ein Drittel aller Menschen, die abhängig beschäftigt sind, in „nicht-normalen" Beschäftigungsverhältnissen. Arbeits- und sozialrechtlich geschützte, sichere, dauerhafte Erwerbsarbeitsplätze bleiben für immer mehr Menschen, egal ob sie qualifiziert sind oder nicht, unerreichbar. Eine Politik, die Erwerbslose dazu treibt, „Arbeit um jeden Preis" anzunehmen, fördert die Ausbeutung der ohnehin schon Ausgegrenzten und öffnet der Niedriglohnökonomie Tür und Tor.

5. Es gibt zu viele Menschen in unserer Gesellschaft, die der Sozialstaat versorgt

Die Erwerbslosigkeit entwickelt sich immer mehr zur Geißel des Sozialstaates, europaweit. Zunehmend gerät die Armut in ihren Sog. Über sieben Millionen (ca. 9%) der Bundesdeutschen Bevölkerung sind arm. Zwanzig Millionen Menschen leben an der Armutsgrenze. Diejenigen unter ihnen, die erwerbslos oder krank werden, können schnell zu den wirklich Armen werden. In Deutschland ist diese Entwicklung in den neuen Bundesländern besonders ausgeprägt, zumal zum Zeitpunkt der Wiedervereinigung die soziale Ungleichheit dort schwächer war, als in der Alt-BRD. Die Zahl der Langzeiterwerbslosen nimmt besonders unter den Frauen in den neuen Bundesländern ungeheure Ausmaße an. Erwerbslosigkeit bedeutet für die meisten Menschen nicht nur materielle Not, sondern auch Verlust an gesellschaftlichen kollektiven Erfahrungen, an sozialen Kontakten und an gesellschaftlicher Wertschätzung. Das Erwerbslosenproblem ist das dringendste Problem unserer Zeit. Davon lenkt eine Sozialstaatsdebatte, die immer wieder den

Mißbrauch von Sozialleistungen anprangert, und damit den Einzelnen verantwortlich macht, unnützer Kostgänger auf dem Rücken anderer zu sein, ab.

Hinter der Diskussion um die Krise des Sozialstaats verbirgt sich ein Verteilungskampf. Seit einigen Jahren ist in der BRD ein Trend zu einer steigenden sozialen Ungleichheit zu registrieren. Die Schere zwischen Einkommen und Erwerbsmöglichkeiten klafft immer weiter auseinander. Das obere Fünftel der bundesdeutschen Bevölkerung hat heute über ein Drittel des Gesamteinkommens, während dem unteren Zehntel nur 4% desselben zur Verfügung steht. Den 30% der Haushalte, die am unteren Ende der Vermögenden angesiedelt sind, gehört ein Hundertstel des Gesamtvermögens, den oberen zehn Prozent dagegen über zwei Fünftel.

Die ursprüngliche Intention des Sozialstaats, den Menschen gerade in den Zeiten von Unsicherheit und Umbrüchen materielle Sicherheit zu geben und sie im Falle der Erwerbslosigkeit vor Armut und Ausgrenzung zu bewahren, wird ganz offensichtlich heute nicht mehr erfüllt. Angesichts der zunehmenden sozialen Polarisierungen, der Verfestigung alter und der Entstehung neuer sozialer und geschlechterspezifischer sozialer Ungleichheiten und zunehmender Armut gewinnt die Auseinandersetzung um die Zukunft des Sozialstaats an Aktualität. Kürzungen sozialer Leistungen scheinen heute trotz der vielfachen Rhetorik von „sozialer Gerechtigkeit" konsensfähiger zu sein, als der Ausbau des Sozialstaats.

Dass mit der Krise der Arbeitsmärkte auch der Sozialstaat immer mehr in Bedrängnis gerät, ist kein Zufall, denn der deutsche Sozialstaat ist in erheblichem Maße umlagenfinanziert. D.h. seine finanzielle Situation hängt in starkem Maße davon ab, wie sich die Einkommen der ArbeitnehmerInnen entwickeln, denn die Finanzierung des Sozialstaats ist wesentlich an den Faktor Arbeit gebunden. Der Anteil der Arbeitgeber erhöht die

Lohnnebenkosten, der Anteil der ArbeitnehmerInnen verringert deren Nettoarbeitseinkommen.

Mehr als zwei Drittel des Sozialbudgets werden zur Zeit aus den erwerbsarbeitsbezogenen Arbeitgeber- und Arbeitnehmerbeiträgen finanziert, weniger als ein Drittel über die öffentlichen Haushalte. Mit der Veränderung des Arbeitsmarktes ist demnach die zentrale Grundvoraussetzung des Sozialstaates unterhöhlt.

Der Sozialabbau hat Folgen für das Verhältnis zwischen den Geschlechtern

Die ungleiche Verteilung von Arbeit und Einfluß an der Gestaltung der Arbeitsbeziehungen trägt immer mehr zur Spaltung in Arme und Reiche aber auch zur Spaltung zwischen den Geschlechtern bei. Der im politischen Raum beschlossene Sozialabbau wird geschlechterunabhängig eingeläutet und doch trifft er (viele) Frauen anders als (viele) Männer. Für Frauen sind die Auswirkungen der sozialstaatlichen Kürzungen und die Rücknahme von sozialpolitischen Errungenschaften in aller Regel noch gravierender, als sie das für Männer sind. Dies aus mehreren Gründen:

- Die Lebensstandardsicherung jetzt und im Alter wird zunehmend erschwert. Frauenarmut nimmt in erschreckendem Maße zu.

- Die Rechtsansprüche, um im sozialen Netz aufgefangen zu werden, setzen meist eine kontinuierliche Berufsarbeit voraus, eine Bedingung, die Frauen mit Familienunterbrechungen in der Berufsbiographie nicht erfüllen.

- Frauen haben seltener Zugang zu Erwerbsarbeitsplätzen, die eine Existenzsicherung überhaupt ermöglichen.

- Die Lücken in der Rentenversicherung werden in der Zukunft vor allem bei Personen entstehen, die keinen Anspruch auf Arbeitslosenhilfe haben und das sind statistisch gesehen weit überwiegend Frauen.

Durch den Sozialabbau werden ohnehin vorhandene geschlechterspezifische Diskriminierungen verschärft. Denn: auch Deregulierung und Flexibilisierung der Arbeit, verbunden mit der Einsparung sozialer Infrastruktur zur Erziehung, Versorgung und Pflege, bedeutet für viele Frauen konkret, aus regulären auf geringfügige Arbeitsverhältnisse, Minijobs, Ich-AGs und Familien AGs, und damit ungesicherte und unsichere Arbeitsplätze verwiesen zu werden. Viele werden gar in die „stille Reserve", ins Ehrenamt, auf „Freiwilligenarbeit", in den (eigenen oder fremden) Haushalt oder in die illegale Schwarzarbeit abgedrängt und sie laufen damit Gefahr, auch als Rentenempfängerin ein Leben in Armut und Abhängigkeit zu führen.

Wenn Frau Müller-Münch älter wird, bekommt sie – wenn auch aufgrund ihrer „Patchworkkarriere" niedrige – Leistungen aus der Hentenversicherung. Schließlich leben wir in einem Sozialstaat. Ein gutes Altersheim kann sie sich kaum leisten.

D. Das zynische Ende der christlichen Familienpolitik

Das beitragsbezogene Rentensystem trägt dazu bei, den Lebensstandard der ArbeitnehmerInnen auch im Alter zu sichern. Es hat viele Vorteile. Aber es hat den Nachteil, dass es an einem traditionellen Familien- und Eheleitbild orientiert ist, das Frauen ihr Leben lang einen gut verdienenden Haupternährer zur Seite stellt. Ein Modell, das – wie bereits weiter vorne diskutiert – schon lange nicht mehr der Lebensrealität entspricht. Die vielfältigen Benachteiligungen, die Frauen während ihres Erwerbslebens und auch sonst in der Gesellschaft erfahren, setzen sich daher auch nach dem Ausscheiden aus dem Beruf in der Alterssicherung im Rentenalter fort.

Frauen, die diskontinuierliche Erwerbsverläufe haben, verbunden mit niedrigen Einkommen, oder Frauen, die in Mini- und Midijobs oder anderen, als Erwerbsarbeitsverhältnissen tätig waren, sind auch im Alter oftmals arm. Sie bekommen niedrige oder keine eigenen Renten, auch dann nicht, wenn sie zeitlebens nie die Hände in den Schoß gelegt haben. Und weil sie auch über den „Heiratsmarkt", also eine abgeleitete Witwenrente meist nicht ausreichend versorgt sind. Gerhard Bäcker (1994) sieht Altersarmut als Spätindikator für die Lebensmuster und Geschlechterrollen einerseits und die Erwerbs- und Lohnstruktur andererseits. Trude Unruh (1987, S. 15) sagt es etwas einfacher: die Altersarmut ist das „zynische Ende der christlichen Familienpolitik".

Das bundesrepublikanische Rentensystem entspricht nicht mehr der Lebensrealität

Trotz formal-rechtlicher Gleichstellung werden Frauen strukturell durch das Rentensystem benachteiligt, weil sie die Anspruchs- und Leistungsvoraussetzungen aufgrund ihrer „Familienpflichten" oft nicht erfüllen können. Hohe Männerrenten sind das Ergebnis einer durchgängigen Vollzeiterwerbstätigkeit, die ohne die unbezahlte Unterstützung von Ehefrauen nicht zu erreichen ist. Wenn das Leitbild des männlichen Familienernährers immer weniger der Lebensrealität entspricht, weil bereits mehr als zwei Drittel aller Frauen erwerbstätig sind und viele Frauen auf das Heiraten verzichten sowie 40 % aller Ehen geschieden werden, so ist eine vom Ehemann abgeleitete Rente mehr als überholt.

Die strukturelle Benachteiligung im Rentensystem

Die Übernahme von Pflege- und Sorgearbeiten, die in den allermeisten Fällen durch Frauen geschieht, kostet nicht nur Karriere, sondern auch Rente. Die Folge der strukturellen Benachteiligung der Frauen im Rentensystem ist, dass etwa ein Drittel der Renten in der Bundesrepublik fast auf Sozialhilfeniveau liegen. Ca. 12 % der Sozialhilfebezieher sind Menschen mit unzureichender Altersversorgung. Besonders alte Frauen sind es, die häufig in Armut leben: 66,8 % der über 65-jährigen Sozialhilfempfänger sind weiblich (Statistisches Bundesamt 2002 b, S. 589). Vor allem sind es allein lebende und geschiedene ältere Frauen im westlichen Teil der Bundesrepublik. Die Zahl wäre wesentlich höher, wenn ältere Frauen, die über niedrige Renten verfügen und mit einem (Ehe)mann zusammen leben, der eine höhere Rente hat, überhaupt Sozialhilfeansprüche stellen könnten. Noch sind die ostdeutschen Frauen etwas besser gestellt, weil die meisten derjenigen, die jetzt im Rentenalter sind, auf eine kontinuierliche Berufstätigkeit zurückblicken können. Bei den jüngeren Frauen, deren Lebensläufe sich an das Westniveau angleichen, wird sich das ändern.

Die Eck- und Standardrente lag im Jahr 2001 in Deutschland bei 1.043 Euro im Monat nach Abzug der Beiträge zur

Kranken- und Pflegeversicherung (VDR 2002). Zu berücksichtigen ist dabei, dass die Standardrente auf der Annahme von 45 Versicherungsjahren mit einem Durchschnittsverdienst basiert. Die weitaus meisten Renten fallen deutlich niedriger aus. Die nach wie vor hohen Einkommensunterschiede zwischen Frauen und Männern werden im Alter durch niedrige Renten von Frauen fortgeschrieben. In Westdeutschland bezieht eine Frau nicht einmal die Hälfte der Durchschnittsrente von einem Mann (zwd Frauen und Politik Nr. 194/2003, S. 14). Nach der Statistik der tatsächlichen Rentenzahlbeträge, die das BMA ausweist, liegen die durchschnittlichen Altersrenten in der Arbeiterrentenversicherung bei 841 Euro für Männer und bei 361 Euro für Frauen; in der Angestelltenversicherung bei 1.156 Euro für Männer und 573 Euro für Frauen. Eine Rente von mehr als 1.250 Euro erhalten nur 2,5 % der Rente beziehenden Arbeiter und 0 % der Arbeiterinnen. Besonders deutlich wird der Geschlechterunterschied bei den ehemals Angestellten: Hier erhalten 48,5 % Männer eine höhere Rente, aber nur 3,4 % Frauen. 22,0 % der Arbeiter, aber 68,1 % der Arbeiterinnen und 10,9 % der männlichen Angestellten und 43,5 % der weiblichen bekommen weniger als 500 Euro Rente im Monat (BMA 2002, vgl. auch Bäcker/Koch 2003, S. 112). Mitte der 90er Jahre hatten 40 % der Frauen, aber nur 1 % der Männer überhaupt keine eigene Rente aus eigenen Anwartschaften. Fast jede zehnte RentnerIn war von Altersarmut betroffen (Mascher 1996, S. 37).

Ab 1.1.2000 wurde die 1997 von der „alten" Bundesregierung beschlossene Heraufsetzung der Altersgrenze voll wirksam. Wer früher als mit 65 Jahren in den Ruhestand geht, muss Abschläge in Kauf nehmen.

Durch die ab 2001 im Rahmen der Rentenstrukturreform in Kraft getretene neue Rentenformel wird das Rentenniveau in den nächsten Jahren weiter absinken (vgl. auch Bäcker/Koch

2003, S. 112). Der private Vorsorgebeitrag („Riester-Rente") wird als Belastung der ArbeitnehmerInnen angerechnet, unabhängig davon, ob er tatsächlich geleistet wird. Die Riester-Rente in all ihren alten und neuen Varianten ist ein Modell für die Mittelschicht. Sie hat für Frauen keine wesentlichen Verbesserungen beschert. Die staatlichen Umlageverfahren teilweise durch private Kapitalanlagen zu ersetzen, setzt voraus, dass man Kapital hat. Das haben gerade viele Frauen nicht. Der Armutsbericht der Bundesregierung weist aus, dass ohnehin die untersten 20 Prozent der Bevölkerung überhaupt gar kein Nettovermögen besitzen. Sie waren also noch nie in der Lage zu sparen. Hinzu kommt die immer noch vorherrschende geschlechtsspezifische Arbeitsteilung, die nach wie vor für Frauen zu Ausfallzeiten in der Erwerbsbeteiligung und entsprechende Lücken in der Beitragszahlung führt. So führt die teilweise Verlagerung der Altersvorsorge von der gesetzlichen zur privaten und betrieblichen Vorsorge führt zu einer Ungleichbehandlung von Männern und Frauen. Auf Grund ihrer höheren Lebenserwartung sollen Frauen zudem zehn bis zwanzig Prozent höhere Beiträge einzahlen, um im Alter die gleichen Leistungen zu erhalten. Der Tatbestand, dass im Rahmen aktueller Vertragsabschlüsse zur Betriebsrente die Versicherungen ebenfalls unterschiedliche Vertragsbedingungen für Frauen und Männer anbieten, wirkt in gleicher Weise diskriminierend. Die Folge ist, dass Frauen aufgrund statistisch längerer Lebenserwartung dann auch später monatlich weniger Rente erhalten als Männer. Solche unterschiedlichen Tarife sind verfassungsrechtlich eigentlich gar nicht möglich, weil sie einen eindeutigen Verstoß gegen den Gleichheitsgrundsatz darstellen. Eine entsprechende Nachbesserung im Betriebsrentengesetz wird aus frauenpolitischer Sicht unbedingt notwendig.

Durch die rot-grüne Rentenreform sollen die Lohnnebenkosten für die Unternehmen gesenkt werden und die zweite

Säule der Alterssicherung, die betriebliche Altersvorsorge gestärkt werden. Eine Förderung von Betriebsrenten oder einer privaten Vorsorge geht auf Kosten der gesetzlichen Rente. Frauen haben auch in dieser Beziehung das Nachsehen. Ende der 90er Jahre hatten nur 13 % der westdeutschen Frauen einen Anspruch auf eine Betriebsrente, bei den Männern waren es immerhin 48 %. Frauen erfüllen oft nicht die Voraussetzungen einer zehnjährigen Betriebszugehörigkeit und des Mindestalters von 35 Jahren beim Ausscheiden aus dem Betrieb. Außerdem bekamen sie rund 50 % weniger als Männer. In Ostdeutschland sind Betriebsrenten ohnehin die Ausnahme.

Die individuelle, kapitalgedeckte private Altersvorsorge, die alleine die ArbeitnehmerInnen finanzieren, bedeutet einen Ausstieg aus der ehemals paritätischen Finanzierung. Menschen, die wenig verdienen oder zeitweise kein Erwerbseinkommen haben (z. B. durch Krankheit, Erwerbslosigkeit, Kindererziehungs- und Pflegezeiten) können keine private Altersvorsorge betreiben. An dem Paradigmenwechsel von der gesetzlichen zur privaten Altersvorsorge ändert auch die von der Bundesregierung vorgesehene staatliche Förderung der privaten Zusatzvorsorge für Pflichtversicherte nichts. Die Bundesregierung verabschiedet sich damit vom Leitbild einer solidarischen Gesellschaft und organisiert den rentenpolitischen Ausstieg aus dem Sozialstaat. Er belastet vor allem die junge Generation.

Der Vorschlag der Bundessozialministerin im Rahmen der Reform der sozialen Sicherungssysteme, den Renteneintritt nicht an das Alter, sondern die Zahl der Berufsjahre zu knüpfen, würde dazu führen, dass (die meisten) Männer noch mehr Vorteile gegenüber den meisten Frauen hätten, weil sie in der Regel länger als Frauen in die Kassen einzahlen. Besonders Frauen, die Kinder erziehen und später in den Beruf zurückkehren, würden schlechter gestellt.

Eine pauschale Absenkung des Rentenniveaus, wie sie von der „Rürup-Kommission" gefordert wird, wäre ebenfalls keine Lösung. Sie würde das Risiko der Altersarmut vor allem für die ohnehin schon mit niedrigem Auskommen versehenen alten Frauen verstärken. Die Probleme künftiger geringverdienender oder erwerbsloser Menschen können so ebensowenig gelöst werden wie durch eine Anhebung des Renteneintrittsalters auf 67 Jahre, wie sie für 2011 geplant wird. Die Folge wäre, dass noch mehr Menschen vorzeitig in den Ruhestand treten (müssen) und Rentenabschläge erhalten.

Jeder Frau die eigene Rente

Die Verbesserung der Alterssicherung von Frauen kann nur über eine starke umlagefinanzierte erste Säule erfolgen. Die beste Alterssicherung ist die eigenständige Erwerbsarbeit. Für Frauen wird sie in der Zukunft vor allem davon abhängen, wie mit der vielzitierten „Erwerbsneigung" der Frauen in Ost und West umgegangen wird.

Die Forderung von Gewerkschaftsfrauen und Deutschem Frauenrat zielen darauf, dass „jede Frau die eigene Rente" bekommt. Sie wollen eine Weiterentwicklung des beitragsbezogenen Rentensystems zu einer eigenständigen Alterssicherung für Frauen, selbstverständlich mit Unisex-Tarifen. Um dies zu erreichen, ist nach Meinung der Frauen vor allem auf eine bessere Anerkennung von Zeiten der Kindererziehung und Pflege notwendig. Diese Forderungen sind auch nach der vorgesehenen Rentenreform nicht erfüllt.

Mindestrente für alle

Um der entwürdigenden Altersarmut, von der Frauen in besonderem Maße betroffen sind, zu entgehen, wird es notwendig, Rahmenbedingungen zu schaffen, die eine eigenständige Existenzsicherung von Frauen und Männern und damit auch eine eigenständige Alterssicherung möglich machen. Um das zu erreichen, müßten alle Beschäftigungsverhältnisse in die Versicherungspflicht, also auch Selbständige und Beamte, einbezogen werden, die notwendige erzieherische und pflegerische Infrastruktur bereitgestellt und entsprechende Erwerbsarbeitszeitmodelle ermöglicht werden, die eine bruchlose Gestaltung des Erwerbslebens für Männer und Frauen zulassen.

Bis das erreicht ist, müßte eine einkommensunabhängige, bedarfsorientierte Mindestrente für alle, unabhängig von den gezahlten Versicherungsbeiträgen und unabhängig von der gewählten Lebensform eingerichtet werden. Sie müßte existenzsichernd sein und an alle, die die Altersgrenze erreicht haben oder aufgrund von Invalidität nicht berufstätig sein können, gezahlt werden und in die gesetzliche Rentenversicherung integriert werden (vgl. Notz 1989). Davon sind wir (leider), trotz verschiedener Vorstöße von Seiten der Politik, immer noch oder wieder weit entfernt. In anderen Ländern (Dänemark, Holland, Schweiz) ist die Mindestrente selbstverständlich.

Was ist eine innovative und leistungsfähige Gesellschaft?

Vielfach wird die Behauptung geäußerte, dass der Gesellschaft durch die „Überalterung (…) geistige und wirtschaftliche Innovationskraft" verloren gehen würden (Seidel/Wierz 2000, S. 5). Warum soll eine älter werdende Gesellschaft, wie immer wieder unterstellt wird, per se eine weniger innovative und leistungsfähige Gesellschaft sein?

Wenn Frauen (und Männer) heute doppelt so alt werden wie zu Beginn des letzten Jahrhunderts, so ist das vor allem dem Fortschritt im Bereich der Gesundheitsvorsorge und in der medizinischen Versorgung zu verdanken. Wenn die Systeme zur sozialen Sicherung diesem Fortschritt hinterherhinken, so ist eine Gesellschaft zu beklagen, die die tatsächliche Altersstreuung in der Bevölkerung nicht zur Kenntnis nimmt. Wenn um 1900 eine ArbeiterIn mit 40 Jahren krank und ausgebrannt war, so ist es zweifelsohne ein Fortschritt, dass sie das heute nicht ist. Wenn sie aber stattdessen mit 40 Jahren erwerbslos ist und keine Chance mehr hat, im Erwerbsleben Fuß zu fassen, so ist Politik und Gesellschaft, der die „geistige Innovationskraft" verloren gegangen ist, und die auf wertvolle Erfahrungspotentiale verzichtet. Hauptbetroffene der diskriminierenden Diskussion um den „Altenüberschuss" sind wiederum Frauen, denn 57 % der Älteren, also die Mehrheit, sind Frauen. Bei den über 70-jährigen beträgt der Anteil sogar zwei Drittel.

E. Wege aus der Krise

Die Auffassung, dass das Sozialstaatsmodell zwar in der Vergangenheit außerordentlich erfolgreich war, nun aber ausgedient habe, findet quer durch die Parteien und auch bei WissenschaftlerInnen immer größere Zustimmung. „Der Sozialstaat ist ein Auslaufmodell" heißt es immer wieder. Er müsse umgebaut werden, weil er finanziell überfordert sei. Sieht man sich die Vorschläge zum Umbau des Sozialstaates genauer an, so geht es meist um einen Abbau hinsichtlich Leistungsvolumen, Leistungskatalog und Leistungsvoraussetzungen. Das soziale Netz soll mehr oder weniger ausgedünnt werden. Vorrang sollen private Finanzierung, Eigenvorsorge, Subsidiarität und Familienhilfe (sprich Frauenarbeit) sowie privatwirtschaftliche Sicherungsformen erhalten.

Sozialpolitische „Lösungsmodelle"

Angesichts der sich verschärfenden Diskriminierungen von Frauen auf dem Arbeitsmarkt, sind Politik, Wissenschaft und Praxis herausgefordert, die Arbeitsmarktlage der Frauen spürbar zu verbessern. Sozialpolitische Lösungsmodelle werden von verschiedenen Seiten propagiert. Die meisten laufen darauf hinaus, daß soziale Ansprüche zurückgeschraubt werden müssen. Die Gewerkschaften bezeichnen diese Art der Renaissance der sozialen Marktwirtschaft, die auf dem Rücken der ArbeitnehmerInnen ausgetragen werden soll, als „sozial schieflastig". Einen Beitrag zur Verringerung der Staatsschulden und zur Deckung der Milliardenlöcher im Staatshaushalt könnten und sollten vor allem die Reichen und Superreichen leisten.

Grundsicherung

Eine immer wieder aufgelegte und nie verwirklichte Antwort auf die nicht mehr ausreichend vorhandenen existenzsichernd bezahlten Erwerbsmöglichkeiten ist die Forderung nach „Grundsicherung", die unabhängig von der jeweils geleisteten Arbeit an alle Personen, die sich nicht aus eigener Arbeit oder Rente ernähren können, gezahlt werden soll (vgl. AG SPAK 1994). Bei den Vorstellungen geht es vor allem darum, die wachsenden Teile der Bevölkerung, die nicht oder zumindest über einen längeren Zeitraum nicht mit kontinuierlichen Möglichkeiten erwerbsabhängiger Existenzsicherung rechnen können, sozial abzusichern. Dahinter steht auch die Befürchtung, dass in absehbarer Zeit existenzsichernde Arbeitsplätze weiter abgebaut werden und besonders die Frauen angebotenen, prekären Arbeitsverhältnisse zusätzlich subventioniert werden müssen. Ehe und Familie als lebenslange Versorgungsinstrumente greifen nur noch in seltenen Fällen und solidarische Hilfeformen sind in den Familien und anderen Lebensformen ohnehin schon überstrapaziert. Für viele arme und ausgegrenzte Menschen ließe sich ohne Zweifel die diskriminierende Situation verbessern, wenn sie anstelle der Sozialhilfe eine existenzsichernde Grundsicherung erhalten würden.

Aus frauenpolitischer Sicht ist allerdings kritisch zu hinterfragen, ob eine beabsichtigte Grundsicherung geeignet ist, die Diskriminierung von Frauen abzuschwächen und den Sozialabbau, der bekanntlich wesentlich zu Lasten der Frauen geht, zu stoppen. Durch Grundsicherung bleiben die Ursachen für Armut und Ausgrenzung und die sozialen Schichtungen in unserer Gesellschaft zunächst unangetastet. Emanzipatorische Freiräume zum Experimentieren mit alternativen Lebens- und Arbeitsmöglichkeiten, mit gleichberechtigten Unternehmensstrukturen und sinnvoller, sozial und ökologisch verträglicher und auf friedliche Zwecke gerichtete Produktion können durch Grundsicherung nur dann geschaffen werden, wenn die Höhe der Leistungen existenzsichernd ist und wenn Informations- und Ermöglichungsstrukturen geschaffen werden. Daran hapert es bei den meisten Modellen.

Die Tatsache, dass es die bezahlte Erwerbsarbeit ist, die auch heute, trotz des sogenannten „Wertewandels", der zentrale Ort der Identitätsfindung der Menschen ist, darf nicht aus den Augen verloren werden. Die Gefahr, dass ein Teil der Menschheit mit (niedriger) Grundsicherung versehen zu Langzeit- oder Permanenterwerbslosen oder zu Hausfrauen wird, darf ebenfalls nicht übersehen werden. Eine wirkliche soziale Innovation stellt die „Grundsicherung" nicht dar. Sie darf allerdings nicht mit der „Grundrente" oder „Mindestrente", für aus dem Erwerbsleben Ausgeschiedene, wie sie weiter vorne beschrieben wird, verwechselt werden.

Das Ziel der eigenständigen Existenzsicherung durch sinnvolle Erwerbsarbeit für alle, die das wollen, darf auf keinen Fall verloren gehen. Wir werden also nicht umhinkommen, über neue (auch alternative) Wege zur Existenzsicherung und zum Leben nachzudenken. Allein durch eine Forderung nach Grundsicherung oder die Ausbreitung von ehrenamtlicher Arbeit, Bürgerarbeit oder bürgerschaftlichem Engagements nach dem Motto Belohnung statt Entlohnung wird das allerdings nicht möglich sein (vgl. Notz 1999 b).

Sieht man sich die Entwürfe oder Konzepte an, die Wege aus der „Krise" weisen sollen, so ist schnell festzustellen, dass die meisten nicht geeignet sind, der wachsenden sozialen und geschlechterspezifischen Ungleichheit entgegenzuwirken.

Andere Formen der Arbeit

WissenschaftlerInnen verweisen heute immer wieder darauf, daß für die Zukunft nicht mehr alle Menschen Erwerbsarbeit im „ersten Sektor" werden finden können. Es gelte daher, den „Bann der erwerbswirtschaftlichen Dominanz" zu brechen (Ulrich 1993, S 95). Als Ausweg aus der Krise der Arbeitsgesellschaft wird die Revitalisierung vielfältiger Formen gemeinschaftlichen Engagements gefordert. Vorschläge beziehen sich auf die neue Entfaltung von Selbsthilfeaktivitäten, die Etablierung eines dritten Sektors neben Markt und Staat (Rifkin 1995, Giddens 1997), die nachhaltige Entwicklung von benachteiligten Gemeinwesen (Ries 1996) oder das Nebeneinander verschiedener Wirtschaftsweisen, wie u.a. von Ullrich (1993, S. 95) vorgeschlagen. Ich will in diesem Zusammenhang nur zwei Konzepte kurz anreißen, die nach ihrer Veröffentlichung von vielen anderen Autoren – besonders im Zusammenhang mit der Diskussion um die Zivilgesellschaft und das Bürgerschaftliche Engagement aufgenommen und abgewandelt worden sind (vgl. Kommission 2002).

Gemeinwirtschaft

Als Alternativen zum sozial und ökologisch zerstörerischen Wachstums- und Konkurrenzparadigma der neoliberalen Marktwirtschaft, die immer mehr VerliererInnen hervorbringt, werden vielfältige Ansätze wie „soziale Ökonomie" (Birkhölzer 1997) oder Gemeinwirtschaft (Ullrich 1993) diskutiert.

Die meisten Autoren sehen für die Zukunft einen viel kleiner gewordenen Sektor der Erwerbswirtschaft, einen großen Sektor der Subsistenztätigkeit und der „Hauswirtschaft" und einen größeren Zwischensektor genossenschaftlicher, kommunaler Tätigkeit als Sektor für „Gemeinwirtschaft", wo wichtige Arbeit nicht über Geld entlohnt, sondern über Zeit verrechnet oder auch steuerfrei Nachbarn geholfen wird. Sie plädieren für mehr Eigenarbeit, Subsistenzarbeit oder gemeinwesenorientierte Arbeit. Darunter verstehen sie nicht marktvermittelte lebenserhaltende Tätigkeiten jenseits der Lohnarbeit. Sie erscheinen geeignet, eine Fülle von verdrängten, verschütteten oder noch unentdeckten Handlungschancen zu eröffnen. In nachbarschaftlichen Zusammenhängen soll weitestgehende Selbstversorgung zur Bedürfnisbefriedigung der Beteiligten angestrebt werden.

Dritter Sektor

Der Amerikaner Jeremy Rifkin sieht den „dritten Sektor" als Auffangbecken für die Opfer der dritten industriellen Revolution, die im marktwirtschaftlichen Sinne „nichts wert" sind. Sie sollen dort in Non-Profit-Organisationen freiwillig zu Schattenlöhnen arbeiten.

Er warnt in seinem Buch „Das Ende der Arbeit und ihre Zukunft" (1995) vor Verelendung und Gesetzlosigkeit, wenn wir den Erwerbslosen nichts sinnvolles zu tun geben. Er verweist darauf, daß in den USA bereits 1,6 Millionen, meist junge Menschen und mehrheitlich Schwarze in den Gefängnissen sitzen und somit nicht nur aus dem bezahlten Arbeitsmarkt, sondern aus der Gesellschaft überhaupt herausfallen. Er fordert dazu auf, die Fixierung auf den Markt und auf den Staat aufzugeben und setzt die Hoffnung auf einen Dritten Sektor. Die Arbeiten im Dritten Sektor sind ganz überwiegend Reparaturarbeiten für die sozialen, ökologischen und kulturellen Schäden, die der erste Arbeitsmarkt hervorgebracht hat. Weit überwiegend werden sie schon heute durch Frauen geleistet. Der erste Arbeitsmarkt, der sowohl die Herausgefallenon als auch die Schäden produziert, bleibt wie er ist. Im sozialen und kulturellen Bereich heißt „zwischen Markt und Staat" nach den neuen Sparkonzepten, aber auch nach einigen Konzepten zum „Qualitätsmanagement" ohnehin: weniger Staat aber dafür mehr Markt, mehr freiwilliges Engagement, Bürgerarbeit und andere unter- oder unbezahlte Arbeitsformen.

Im Deutschen Bundestag wurde eine zeit- und aufwendungsintensive Enquete-Kommission für *Bürgerschaftliches Engagement* (2002) ins Leben gerufen. *B*ürgerschaftliches Engagement ist ein situativ vieldeutiger Begriff. Es gibt Initiativen gegen Autobahnen und Schnellbahnen, durch deren Bau die Gefahr gesehen wird, dass die natürliche Landschaft zerstört wird. Bürgerinitiativen, die Asylantenwohnungen und Behindertenheime in ihrem Stadtteil verhindern wollen und damit der sozialen Ausgrenzung dienen, gibt es ebenso. Diese Janusköpfigkeit wird in der aktuellen politischen Diskussion wenig berücksichtigt, undifferenziert geht es um die Stärkung der Zivilgesellschaft oder Bürgergesellschaft.

Zur Bürgergesellschaft gehört das Prinzip der Subsidiarität, das heißt der Vorrang der Leistung primärer Netzwerke vor staatlichen Aufgaben. Die Arbeiten in primären Netzwerken leisten vor allem Frauen. Die Bürgergesellschaft ist auch die Gesellschaft, in die die soziale und geschlechtsspezifische Ungleichheit im ‚privaten' wie im öffentlichen Leben eingeschrieben ist. Bürgerschaftliches Engagement hat daher in der Zivilgesellschaft auch einen politischen Auftrag.

Mehrschichtenmodell der Arbeit

Bürgerschaftliches Engagement soll freiwillig sein

Andere Konzepte, wie zum Beispiel das „Mehrschichtenmodell der Arbeit", wie es für den Club of Rome entwickelt worden ist (Giarini/Liedtke 1998, S. 231 ff.), sprechen bereits offen über Arbeitspflicht. Diese Arbeitspflicht ist für die sogenannte „erste Schicht" vorgesehen. Die dort Arbeitenden leisten „produktive Tätigkeiten" im Umfang von ca. 20 Stunden wöchentlich und erhalten dafür einen Mindestlohn. Wer die Arbeit nicht annimmt, kann keine staatlichen Gelder erhalten. In der „zweiten Schicht" kann hingegen bezahlte Arbeit für die Privatwirtschaft geleistet werden. Dort kann arbeiten, wer will (bzw. wer den Zugang erhält) und solange er will. Die „dritte Schicht" umfaßt Eigenarbeit und nicht bezahlte ehrenamtliche „freiwillige Tätigkeiten". Das Konzept ist nicht neu. Konzepte zur Pflichtarbeit wurden auch durch die „Dualwissenschaftler" der 80er Jahre in die Diskussion gebracht. Sie forderten einen „Sozialdienst", zu dem „alle Bürger/innen des Landes … verpflichtet werden" sollten. Bereits damals wurden diejenigen, die dabei an nationalsozialistische Institutionen wie den Reichsarbeitsdienst dachten, der Begriffsstutzigkeit bezichtigt, denn der neue Sozialdienst sollte dezentral, auf kommunaler Ebene, mit persönlicher Zeitgestaltung des Einsatzes organisiert sein und auf soziale Arbeit begrenzt bleiben.

SozialhilfeempfängerInnen werden bereits heute immer häufiger zur Aufnahme von Arbeit verpflichtet. Gemeinnützige zusätzliche Arbeit (GZA) soll die Armgemachten in verschiedenen Regionen zur Arbeit zwingen. Wer zugewiesene Arbeit verweigert, hat in der Zukunft noch erheblichere Kürzungen oder gar Streichungen der sowieso schon knappen Sozialhilfe zu erwarten. Bis jetzt ist die Verweigerungsquote offensichtlich gering.

Zwangsdienste sind für die Bundesrepublik jedoch nach Art. 12 des Grundgesetzes verboten. Danach haben alle Deutschen das Recht, Beruf, Arbeitsplatz und Ausbildungsstätte frei zu wählen. Arbeitsstrafen sind nur bei gerichtlich angeordneten Freiheitsstrafen zulässig. Arbeitsdienste sollte es in einer demokratischen BRD nach dem zweiten Weltkrieg nicht mehr geben. Die Mütter und Väter des Grundgesetzes wußten warum. Es gibt keinen Grund, daran etwas zu ändern.

Fazit

Die Problematik der Diskussion solcher und ähnlicher Modelle, die bestehende Unterschichtungen festschreiben und neue formulieren, um sie dann zu Zukunftsmodellen zu stilisieren, liegt in der nicht zufällig parallel geführten Diskussion über den Rückzug des Staates aus verschiedenen Bereichen der sozialen Sicherung und sozialstaatlicher Dienstleistungen einerseits und der Deregulierung des Arbeitsmarktes andererseits. Der Sinn der Diskussion ist daher auch die Legitimation unternehmerischer und staatlicher Deregulierung und der Kürzung sozialstaatlicher Hilfen und Dienstleistungen.

F. Es geht um Umverteilung

Wenn wir für die Zukunft einen Sozialstaat wollen, durch den gewährleistet ist, daß möglichst viele dazugehören und möglichst wenige herausfallen, so genügt das Kochen und Verteilen von Armensuppe nicht mehr. Das Verteilen von Armensuppe schmälert den Reichtum der Wohlhabenden nicht. Es ist aber geeignet die Armen zu demütigen. Sie bleiben BittstellerInnen und sie bleiben arm. Das gilt auch für das Bereitstellen von Hamburger, Berliner oder andere Tafeln, auf der Lebensmittel, deren Verfalldatum bereits überschritten ist, für die Bedürftigen aufgetischt werden.

Auch reicht es nicht mehr, es beim Kampf gegen den Abbau der durch Gewerkschaften und andere gesellschaftliche Gruppen erkämpften Leistungen zu belassen. Wahrscheinlich wird das, was unter Sozialstaat verstanden wird, neu bestimmt werden müssen. Es wird auch nicht mehr ausreichen, mangelnde Gerechtigkeit zu beklagen, sondern es wird notwendig, den Mechanismen nachzuspüren, die die zunehmende Ungerechtigkeit bewirken und daraus echte Reformansätze zu entwickeln. Auf jeden Fall sind Entwürfe in Form von Gesamtkonzepten für ein besseres und gerechteres soziales System notwendig, damit die sieben Millionen Armen nicht noch ärmer werden und damit sich ihre Zahl nicht weiter erhöht.

Änderung der Arbeitsmarktpolitik

Angesichts wachsender Armut muss der Kernpunkt einer reformierten Sozialpolitik eine andere Arbeitsmarktpolitik sein. Eine Vollbeschäftigung auf der Basis der klassischen Vollerwerbstätigkeit wird nicht mehr herzustellen sein. Auch die

Hoffnungen auf noch mehr Wirtschaftswachstum helfen wenig. Wirtschaftswachstum schafft nicht per se bezahlte Arbeitsplätze, das zeigt die Tatsache, daß die Unternehmergewinne ständig steigen, die BRD weltweit die zweithöchsten Außenhandelsumsätze hat und die Erwerbslosigkeit dennoch nicht merklich abnimmt. Zudem sind die Grenzen des Wachstums vielfach diskutiert. Die Kehrseite heißt wachsende Naturzerstörung, soziale und gesundheitliche Gefährdungen der Menschen und andere „Modernisierungsrisiken", die die Mitwelt der Menschen betreffen. Aus frauenpolitischer Sicht ist die Wiederherstellung der klassischen Vollbeschäftigung ohnehin nicht wünschenswert, denn das „Normalarbeitsverhältnis" gewährleistete bei genauerem Hinsehen – zumindestens in Westdeutschland – auch in der Vergangenheit nur ein geschlechtsspezifisch gebrochenes Recht auf soziale Teilhabe und politische Mitwirkung, weil der größte Teil der (Frauen)Arbeiten nicht mit sozialer Teilhabe und einem Einkommensanspruch verbunden ist und weil Vollbeschäftigung traditionell einen „Haupternährer" und eine Hausfrau oder „Zuverdienerin" bezeichnet. Ein Modell, das auch viele Männer nicht (mehr) als erstrebenswert empfinden.

Umverteilung der Arbeit

Eine Lösung für die Zukunft kann es nur geben, wenn es gelingt, die begrenzt vorhandene existenzsichernd bezahlte Arbeit und die im Überfluss vorhandene unbezahlte Arbeit auf mehr Menschen und auf Menschen beiderlei Geschlechts zu verteilen.

Es wird zu fragen sein, wie Arbeit in allen Bereichen sinnvoll organisiert werden kann, damit Haus- und Sorgearbeit, gemeinwesenorientierte Arbeit und Erwerbsarbeit koordiniert werden können und die Übernahme von Sorgearbeit weder für Frauen, noch für Männer einen Karrierebruch bedeutet. Ohne eine Quotierung in den Bereichen, in denen Frauen heute unterrepräsentiert sind, wird sich eine ebenbürtige Verteilung nicht herstellen lassen. Und ohne eine Bindung der Vergabe von öffentlichen Aufträgen an Frauenfördermaßnahmen und ohne Gleichstellungsgesetz – auch für die Privatwirtschaft – ebenso wenig.

Freilich enden die Überlegungen von Feministinnen, Frauenpolitikerinnen und Gewerkschaftsfrauen nicht damit, die Hälfte vom verschimmelten Kuchen zu fordern. Es wird ein anderer Kuchen gebacken werden müssen. Und es ist neu darüber nachzudenken, mit wem, für wen, unter welchen Bedingungen und mit welchen Ressourcen und Energien gebacken werden soll. Auch ein Vollwert-Öko-Kuchen kann unter psychisch und physisch krank machenden, menschenunwürdigen Arbeitsbedingungen gebacken werden und die nach den Kriterien humanisierter Arbeitsbedingungen gestaltete kleine Fabrik wird zum Destruktionsapparat, wenn dort Kriegsmaterial produziert wird.

Es geht um eine Umverteilung von *gesellschaftlich notwendiger und sinnvoller* Arbeit und von Verantwortung für die Mit- und Umwelt auf beide Geschlechter durch tägliche Arbeitszeitverkürzung im Bereich der Vollzeiterwerbsarbeit (6-Stunden-Tag) und Abbau von Überstunden. „Arbeit" bezeichnet die Sicht auf die Arbeit als Ganzes in ihrer (jetzt) bezahlt und (jetzt) unbezahlt geleisteten Form. Unter sinnvoller Arbeit ist eine Arbeit zu verstehen, die der Herstellung eines gesellschaftlich nützlichen Produktes oder einer solchen Dienstleistung dient, eine Arbeit, die der Weiterentwicklung der Qualifikationen und der Persönlichkeitsentwicklung der Arbeitenden förderlich ist und durch deren Herstellung weder die menschliche Umwelt noch die Mitwelt negativ beeinflußt wird. Auch diese Kriterien sind an bezahlt und unbezahlt geleistete Arbeit zu richten.

Existenzsicherung

Das Ziel ist eine sinnvolle, versicherungspflichtige, die eigene Existenz sichernde Arbeit für alle Menschen, die das wollen, verbunden mit der Möglichkeit, die erwerbsarbeitsfreie Zeit für Haus- und Sorgearbeiten, kulturelle, politische und gemeinwesenorientierte Arbeiten zu nutzen. Um Versicherungslücken zu vermeiden, ist ein gesetzlich festgelegter Mindestlohn notwendig, alle Erwerbsarbeitsverhältnisse sind in die Sozialversicherungspflicht einzubeziehen und auch alle Arbeitsverhältnisse, die als „Selbständige" gelten.

Zudem brauchen wir eine Mindest*rente* für alle durch Alter oder Krankheit aus dem Erwerbsleben Ausgeschiedenen, die unabhängig von den einbezahlten Versicherungsbeiträgen gezahlt wird, wie sie weiter oben bereits entwickelt wurde. Notwendig wird es, Frauen in der Familien-, Arbeitsmarkt- und Sozialpolitik nicht weiter als Mitverdienende, zusätzlich Verdienende, also nicht weiter im Zusammenhang mit Ehe, Familie und „Haupternährer" zu sehen, sondern sie als Individuen herauszuholen aus diesen Zusammenhängen. Das heißt nicht, daß hier der postmodernen Individualisierung das Wort geredet werden soll. Erst wenn es für alle Männer und für alle Frauen selbstverständlich wird, daß sie ein Recht auf eigenständige Existenzsicherung und auf eigenständige Rente haben, werden freie Zusammenschlüsse unter freien Menschen wirklich werden können, ohne staatliche Bevorzugung einer Zusammenlebensform. Berufstätige Menschen brauchen vor allem mehr und bessere Kinderbetreuungsmöglichkeiten für Kleinst-, Klein- und Schulkinder und auch Kinder brauchen einen Rechtsanspruch auf einen solchen Platz, um mit anderen Kindern spielen zu können und die Möglichkeit zu haben, soziales Verhalten in der Gruppe einzuüben. Alte und pflegebedürftige Menschen brauchen menschenwürdige Lebensmöglichkeiten. Und sie müssen sich selbst aussuchen können, ob sie allein, mit anderen Alten zusammen oder in generationsübergreifenden Einrichtungen leben wollen. Dazu braucht es vorhandene Strukturen, die das ermöglichen.

Erfahrungen nutzen

Auch viele ältere Frauen, die aus dem Beruf ausgeschieden sind, wollen weiter dazugehören und daran mitwirken, dass diese Gesellschaft menschlicher wird. Vielfältige Erfahrungen zeigen, dass Frauen (und Männer) auch dann, wenn sie einmal nicht mehr Mitglied der „Berufswelt" sind, die Ideen, die ihre Lebensführung bestimmen, weiter leben. Sie bringen ihr Wissen, ihre Erfahrungen, ihre Fähigkeiten in vielfältige Gruppen und Zusammenhänge ein, um zur Verbesserung der gesellschaftlichen Verhältnisse und zum eigenen Wohlergehen beizutragen. Sie geben auch im „Ruhestand" keine Ruhe.

Verhinderung von Armut und Ausgrenzung

Es ist notwendig, trotz der düsteren Prognosen, die eine Zweidrittel oder Vierfünftel-Gesellschaft, eine Schattenwirtschaft oder eine Dreiklassenwirtschaft skizzieren, über Alternativen nachzudenken. Fakt ist, dass die existenzsichernd bezahlte Erwerbsarbeit in allen hochindustrialisierten Ländern schrumpft, die unbezahlte Arbeit hingegen in dem Maße zunimmt, wie sie in anderen Sektoren abgebaut wird. Was dann auch zur Finanzkrise der öffentlichen und Sozialversicherungshaushalte führt. Deshalb wird es dringend notwendig, Konzepte zu entwickeln, durch die die Armut und Ausgrenzung verhindert wird.

Vor allem wird es notwendig, über Konzepte jenseits des traditionellen „Normalarbeitstages" nachzudenken, bzw. das „Normalarbeitsverhältnis" neu zu definieren und dann die Systeme der sozialen Versicherungen neu zu überdenken, anstatt sie vorschnell aufzugeben. Solche Konzepte dürfen in keinem Fall weiter auf Kosten der Armen und Ausgegrenzten gehen.

Viele Menschen, die durch ihre Erwerbsarbeit ihren Lebensunterhalt nicht selbständig sichern können, und die durch die Löcher im sozialen Netz gefallen sind, also nicht mehr dazugehören, haben keine Möglichkeit aus eigener Anstrengung diesen Zustand zu verändern, wie es mit der Forderung nach einer Stärkung des „Selbsthilfegedankens" auch in Armutsberichten immer wieder geschieht (z.B. Hock/Holz/Wüstendorfer 1999, S. 119). Dazu bedarf es staatlicher und politischer Lösungen. Und es bedarf qualifizierter sozialer Arbeit. Denn soziale Arbeit ist ein Segment der Sozialpolitik und sie kann auch dazu dienen, die Selbsthilfepotentiale der Hilfebedürftigen zu stützen und zu unterstützen. Ermöglichungsstrukturen für Eigenverantwortung, wie sie auch von PolitikerInnen aller Coleur immer wieder gefordert wird, brauchen Stützen und Unterstützung. Freilich müssen auch hierfür Ressourcen bereitgestellt werden.

„Uns reichts"

Frauen, die in den Gewerkschaften und in anderen gesellschaftlichen Zusammenhängen arbeiten, sagen seit langem „uns reichts" und mischen sich ein. Sie betrachten sich schon lange nicht mehr (alleine) als Opfer der Verhältnisse, sondern als handelnde Subjekte (mindestens) ebenso. Ihre Stimmen sind nicht mehr zu überhören.*

Frauen fordern:

- dass die Verantwortlichen auf weitere Kürzungen im sozialen und gesundheitlichen Bereich verzichten und arbeitsmarkt- und beschäftigungspolitische Maßnahmen weiterführen, die allen Frauen und Männern, die das wollen, die Chance eröffnen, einen Ausbildungsplatz zu bekommen und eine existenzsichernde sinnvolle Erwerbsarbeit auszuüben,

- dass die Unternehmen nicht nur ihren Profit, sondern eine humane Wirtschaft und eine humane, demokratische Arbeitsorganisation zum Ziel haben und sich an einem ökologischen, verantwortungsvollen Umgang mit Naturressourcen orientieren,

- ein Steuer- und Sozialsystem, das Frauen als eigenständige Individuen behandelt, die Betreuung und Versorgung von Kindern, alten und kranken Menschen als gesamtgesellschaftliche Aufgabe anerkennt und eine den Bedürfnissen entsprechende Infrastruktur sicherstellt,

---

*   Siehe zum Beispiel das Feministische Manifest, verabschiedet vom Bundesweiten Feministischen Bündnis und vom Deutschen Frauenrat, vorgelegt am 8. März 1995; das Netzwerk FrauenZeiten, das Politikerinnen, Gewerkschafterinnen und Wissenschaftlerinnen 1998 mit dem Ziel einer gerechteren Verteilung von Arbeit, Zeit und Geld zwischen den Geschlechtern gegründet haben oder den von mehr als 1000 Frauen aus allen gesellschaftlichen Zusammenhängen unterschriebenen offenen Brief des Frauenaktionsbündnisses für ein Gleichstellungsgesetz in der Privatwirtschaft an Bundeskanzler Schröder und die damalige Frauenministerin Frau Bergmann vom 29. 10. 2001 sowie die Resolution „Frauenbündnis NRW gegen Sozialabbau" vom Mai 2003 und den Aufruf von WissenschaftlerInnen: „Sozialstaat reformieren statt abbauen – Arbeitslosigkeit bekämpfen statt Arbeitslose bestrafen" (FR vom 23. 5. 2003).

- Einbeziehung von Beamten, Selbständigen und Politikern in die Solidarsysteme, damit auch sie sich an der Finanzierung gemeinsamer Aufgaben beteiligen,

- eine einheitliche Besteuerung, die Unternehmen, hohe Einkommen und Vermögen stärker an der Finanzierung öffentlicher Aufgaben beteiligt, Wiedereinführung der Vermögenssteuer,

- die Beendigung der Deregulierung und die Neugestaltung von Arbeits- und Tarifrecht,

- ein effektives Gleichstellungsgesetz für die Privatwirtschaft,

- Arbeitszeitverkürzung im Bereich der Vollzeit-Erwerbsarbeit und Abbau von Überstunden,

- staatliche Investitionen zur Schaffung von Arbeitsplätzen in gesellschaftlich sinnvollen und nützlichen Bereichen wie kultureller, sozialer und pflegerischer Infrastruktur, Gesundheit, Bildung und Weiterbildung,

- staatliche Subventionen für Genossenschaften, Alternativökonomie, selbstverwaltete Wirtschaft sowie Arbeits- und Lebensgemeinschaften.

- die Neubestimmung, Neubewertung und Umverteilung aller jetzt bezahlt und jetzt unbezahlt geleisteten sinnvollen und gesellschaftlich nützlichen Arbeiten gleichermaßen zwischen Frauen und Männern,

- eine Umverteilung des gesellschaftlichen Reichtums und soziale Transfers in die Armutsregionen der Welt.

Literatur

Arbeitsgemeinschaft Sozialpolitischer Arbeitskreise (AG SPAK): Dokumentation des Sozialpolitischen Forums 1994, München 1994

Arendt, Hannah: Vita Activa oder Vom tätigen Leben, München 1994, 8. Auflage – zuerst erschienen 1958 unter dem Titel „The Human Condition" by University of Chicago Press

Bäcker, Gerhard: Altersarmut – Frauenarmut, Dimensionen eines sozialen Problems und sozialpolitische Reformoptionen, WSI-Diskussionspapier Nr. 17, September 1994

Bäcker, Gerhard/Koch, Angelika: Die Jungen als Verlierer? Alterssicherung und Generationsgerechtigkeit, in: WSI Mitteilungen 2/2003, S. 111–116

Becker-Schmidt, Regina u. a.: Nicht wir haben die Minuten, die Minuten haben uns. Zeitprobleme und Zeiterfahrungen von Arbeitermüttern in Fabrik und Familie. Bonn 1982

Birkhölzer, Karl: „Soziale Ökonomie" und „Dritter Sektor" als Ausweg. In: Heckmann, Friedrich; Spoo, Eckart (Hrsg.): Wirtschaft von unten Heilbronn 1997, S. 102–106

BKK-Presseinformationen vom 23. 9. 1999

Blanke, Karen; Ehling, Manfred; Schwarz, Norbert: Zeit im Blickfeld - Ergebnisse einer repräsentativen Zeitbudgeterhebung", Schriftenreihe des Bundesministerium für Familie, Senioren, Frauen und Jugend, Band 121, Bonn 1996

Böhnisch, Lothar; Arnold, Helmut; Schröer, Wolfgang: Sozialpolitik. Eine sozialwissenschaftliche Einführung, Weinheim und München 1999

Brandt, Willy: Vorwort in Marie Jahoda: Wieviel Arbeit braucht
der Mensch? Weinheim 1983

Brück, Brigitte; Kahlert, Heike u. a.: Feministische Soziolo-
gie. Eine Einführung. Frankfurt/New York 1992

Buchinger, Birgit; Pircher, Erika: Versteckte Diskriminierungen, Wien 1994

Bundesanstalt für Arbeit: Arbeitsmarkt für Frauen, in: ANBA
Nr. 4/2000

Bundesministerium für Arbeit und Sozialordnung (BMA): Statistisches Taschenbuch 2002 – Arbeits- und Sozial-
statistik, Bonn 2002

Bundesministerium für Arbeit und Sozialordnung (BMA): Le-
benslagen in Deutschland, der erste Armuts- und Reichtumsbericht der Bundesrepublik, Bonn 2001

Bundesministerium für Familie und Senioren (BMFuS): Familien und Familienpolitik im geeinten Deutschland – Zukunft des Humanvermögens. Fünfter Familienbericht,
Bonn 1994

Bundesministerium für Familie, Senioren, Frauen und Jugend
(BMFSFJ): Zur Lage junger erwerbstätiger Mütter in den
neuen Bundesländern, insbesondere zur Wirksamkeit
von Erziehungsurlaub und Erziehungsgeld. Schriftenreihe Band 100, Stuttgart 1995

Bundesministerium für Familie und Senioren (BMFuS): Ursachen und Umfang von Frauenarmut. Gutachten, Frank-
furt/M. 2000

Bundesministerium für Familie, Senioren, Frauen und Jugend (BMFSFJ): Frauen in Deutschland. Von der Frauen- zur Gleichstellungspolitik, Berlin 2002 a

Bundesministerium für Familie, Senioren, Frauen und Jugend (BMFSFJ): Lohn- und Einkommensbericht von Frauen und Männern, Berlin 2002 b

Bundestags-Drucksache 13/15 1996

Deutscher Frauenrat: Informationen für die Frau Nov./Dez. 1994

Die Tageszeitung (taz) vom 7.1.2000, vom 10.1.2000 und vom 6.5.2003

Engelbrech, Gerhard; Reinberg, A.: Erwerbsorientierung und Beschäftigungsmöglichkeiten von Frauen in den neunziger Jahren. Wirtschaftliche Umstrukturierung und frauentypische Arbeitsmarktrisiken in Ost- und Westdeutschland. In: Gesellschaft für Informationstechnologie und Pädagogik am IMBSE (Hg.): Beschäftigungsrisiko Erziehungsurlaub. Opladen, S. 39–92

Enquete Kommission „Zukunft des Bürgerschaftlichen Engagements": Bericht Bürgerschaftliches Engagement: auf dem Weg in eine zukunftsfähige Bürgergesellschaft, Opladen 2002

Europäische Kommission: Beschäftigung in Europa, Brüssel 1996

Europäische Kommission: Beschäftigung und soziale Angelegenheiten. Forum spezial. Fünf Jahre Sozialpolitik, Brüssel 1999

Giddens, Anthony: Jenseits von Links und Rechts, Frankfurt/M. 1997

Giarini, Orio; Liedtke, Patrick M.: Wie wir arbeiten werden: Der neue Bericht an den Club of Rome; Hamburg 1998

Hanesch, Walter u. a.: Armut in Deutschland. Der Armutsbericht des DGB und des Paritätischen Wohlfahrtsverbandes, Rheinbeck 1994

Hartz, Peter u. a.: Moderne Dienstleistungen am Arbeitsmarkt, Bericht der Kommission, Berlin 2002

Hock, Beate; Holz, Gerda; Wüstendörfer, Werner: Armut - Eine Herausforderung für die verbandliche Kinder- und Jugendhilfe, Frankfurt/M. 1999

Institut für Arbeitsmarkt- und Berufsforschung: Kurzbericht Nr. 2/2003

Jahoda, Marie; Lazarsfeld, Paul; Zeisel, Hans: Die Arbeitslosen von Marienthal, Frnkfurt/M. 1976

Jahoda Marie: Wieviel Arbeit braucht der Mensch? Weinheim und Basel 1983

Jugendwerk der Deutschen Shell: Jugend '97, Opladen 1997

Keupp, Heiner: Ich muss mich einmischen. Selbstsorge und Politik der Lebensführung erweitern die Berufsarbeit in der Gesellschaft, in: Die Zeit Nr. 16 vom 8. April 1998

Klammer, Ute u. a.: WSI-FrauenDatenReport, Berlin 2000

Kommission für Zukunftsfragen der Freistaaten Bayern und Sachsen: Erwerbstätigkeit und Arbeitslosigkeit in Deutschland. Entwicklung, Ursachen und Maßnahmen – Teil I, II und III. Bonn 1997

Koufen, Katharina: Magere Bilanz für Millenniumsplan, in: taz vom 5./6.4.2002, S.9

Leibfried, Stefan; Leisering, Lutz u. a.: Zeit der Armut: Lebensläufe im Sozialstaat, Frankfurt 1995

Mascher, Ulrike: Konzeptionen zur Verhütung von Armut im Alter, Arbeitsgemeinschaft sozialdemokratischer Frauen (AsF): Zukunft des Sozialstaates, Bonn 1996

Ministerium zur Gleichstellung von Frau und Mann, Rheinland-Pfalz (Hrsg.): Geringfügig beschäftigte Frauen in Rheinland-Pfalz, Mainz 1994

Möller, Carola: Flexibel in die Armut. Empirische Untersuchung und theoretische Verortung ungeschützter Arbeitsverhältnisse. Forschungsbericht Nr. 3 des Hamburger Instituts für Sozialforschung, Hamburg 1988

Möller, Carola: Die neue Arbeitsorganisation – eine Chance für Frauen? In: Friedrich-Ebert-Stiftung, Referat Frauenpolitik: Arbeitsorganisation und Arbeitszeit auf dem Prüfstand: Mehr Zeit für Kinder, Bonn 1995, S. 9–18

Notz, Gisela: Frauen im sozialen Ehrenamt, Freiburg 1989

Notz, Gisela: Du bist als Frau um einiges mehr gebunden als der Mann. Die Auswirkungen der Geburt des ersten Kindes auf die Lebens- und Arbeitsplanung von Müttern und Vätern. Bonn 1991

Notz, Gisela: Trotz Fleiß kein Preis. Sozialabbau, Arbeitsmarktpolitik und Frauenpolitik in den alten Bundesländern, In: lila Blätter. Rundbrief des Frauenreferats der Evangelischen Kirche von Westfalen, H.10/1994, S. 19–21

Notz, Gisela: Zum Verhältnis von Strukturwandel, Weiterbildungsstrategien und geschlechtshierarchischer Segregation, in: Wetterer, Angelika (Hrsg.): Die Soziale Konstruktion von Geschlecht in Professionalisierungsprozessen. Frankfurt/New York 1995, S. 205–220

Notz, Gisela: Auf der Suche nach den neuen Vätern, Frankfurt/M. 1995 – 2. Auflage

Notz, Gisela: Was Frauen arm macht, In: Fraueninfo der Frauenbeauftragten der Friedrich-Ebert-Stiftung, August 1996

Notz, Gisela: Wi(e)der die Rückkehr der Dienstbotinnengesellschaft. In: spw, Zeitschrift für Sozialistische Politik und Wirtschaft, H. 97/1997, S. 18–23

Notz, Gisela: Wi(e)der die Neuauflage der Hausfrauenehe. Die ungleichen Auswirkungen der Geburt eines Kindes auf die Lebens- und Arbeitsplanung von Frauen und Männern, in: Gesellschaft für Informationstechnologie und Pädagogik am IMBSE (Hrsg.): Beschäftigungsrisiko Erziehungsurlaub, Opladen 1998, S. 93–116

Notz, Gisela: Jugendarbeitslosigkeit: Ursachen - Folgen - Perspektiven, in: Bundesverband der Arbeiterwohlfahrt. Fachwerk, Berichte aus der Praxis der Jugendarbeit, H. 1/1999 a, S. 8–18

Notz, Gisela: Die neuen Freiwilligen. Das Ehrenamt, eine Antwort auf die Krise. Neu-Ulm 1999 b – 2. Auflage

Notz, Gisela: Wi(e)der eine Neuauflage der Hausfrauenehe? in spw, Zeitschrift für Sozialistische Politik und Wirtschaft, H. 196/1999 c, S. 43–46

Notz, Gisela: Frauen in der Mannschaft. Sozialdemokratinnen im Parlamentarischen Rat und im Deutschen Bundestag 1948–1957, Bonn 2003 a

Notz, Gisela: Familien zwischen Tradition und Utopie, Neu-Ulm 2003 b

Otto, Louise: Das Recht der Frauen auf Erwerb. Blicke auf das Frauenleben der Gegenwart. Hamburg 1866

Reihs, Sigrid: Im Schatten von Freiheit und Erfüllung. Ehrenamtliche Arbeit in Bayern, Bochum 1995

Riehl, Wilhelm-Heinrich: Naturgeschichte des Volkes als Grundlage der deutschen Sozialpolitik, 3 Bände, 3. Band: Die Familie, Berlin 1855

Ries, H.H. u.a. (Hrsg.): Hoffnung Gemeinwesen, Neuwied 1996

Rifkin, Jeremy: Das Ende der Arbeit und ihre Zukunft. Frankfurt/M., New York 1995

Seidel, Eberhard; Wierz, Markus: Hilft Migration den Rentenkassen, in: Die Tageszeitung vom 7. 1. 2000, S. 5

Senatsverwaltung für Arbeit und Frauen, Berlin: Arbeitslos, über 40, weiblich. Ein Ratgeber für Frauen in den östlichen Bezirken Berlins, Berlin 1992

Sozialdemokratische Partei Deutschlands: Pressemitteilung Nr. 6 vom 13.11.2002

Soziale Ungleichheit, H. 2/1996

Strasser, Johano: Armut in der Wohlfahrtsgesellschaft, Neue Gesellschaft/Frankfurter Hefte, H. 3/1996, S. 233–238

Statistisches Bundesamt: Sozialhilfestatistik, Wiesbaden 2002 a

Statistisches Bundesamt: Datenreport 2002 – Zahlen und Fakten über die Bundsrepublik Deutschland, Schriftenreihe Band 36, Bonn 2002 b

Ullrich, Otto: Lebenserhaltende Tätigkeit jenseits der Lohnarbeit. In: Fricke, Werner (Hrsg.); Jahrbuch Arbeit und Technik 1993, Bonn 1993, S. 84–98

Unruh, Trude: Trümmerfrauen, Essen 1987

VDR 2002: Rentenversicherung in Zeitreihen, Frankfurt/M.

Zweiwochendienst (zwd) Frauen und Politik, Nr. 191/2002, 193/2003, 194/2003, 195/2003

WISSENSCHAFT IN GESELLSCHAFTLICHER VERANTWORTUNG

Stand: Oktober 2003

WISSENSCHAFT IN GESELLSCHAFTLICHER VERANTWORTUNG

Stand: Oktober 2003

WISSENSCHAFT IN GESELLSCHAFTLICHER VERANTWORTUNG

WISSENSCHAFT IN GESELLSCHAFTLICHER VERANTWORTUNG

Stand: Oktober 2003

Verlag für Akademische Schriften
Wielandstraße 10 • 60318 Frankfurt a.M.
Telefon (069) 77 93 66 • Fax (069) 70 73 967
E-Mail: info@vas-verlag.de • Internet: www.vas-verlag.de